PSYCHOLOGIE NOIRE

Apprenez à Analyser les Gens et à Vous Défendre Contre l'Influence Émotionnelle, le Lavage de Cerveau et la Tromperie

Par Dylan Black

PSYCHOLOGIE NOIRE

Apprenez à Analyser les Gens et à Vous Défendre Contre l'Influence Émotionnelle, le Lavage de Cerveau et la Tromperie

Par Dylan Black

© 2025 Dylan Black

Édition : BoD · Books on Demand, 31 avenue Saint-Rémy,
57600 Forbach, bod@bod.fr
Impression : Libri Plureos GmbH, Friedensallee 273,
22763 Hamburg (Allemagne)

ISBN : 978-2-8106-2927-5
Dépôt légal : Février 2025

Sommaire

INTRODUCTION	11
CHAPITRE ON	13
Qu'est-ce Que la Psychologie Noir?	13
CHAPITRE DEUX	19
Les Effets et l'Impact de la Psychologie Noire	19
CHAPITRE TROIS	27
Exemples Quotidiens des Différents Aspects de la Psychologie Noire	27
CHAPITRE QUATRE	33
Quelle est Notre Sensibilité à la Psychologie Noire?	33
CHAPITRE CINQ	39
Analyser la Manipulation de la Psychologie Noire	39
CHAPITRE SIX	45
Tromperie	45
Types de Tromperie	49
Motifs de la Tromperie	52
Identifier la tromperie	55
Principaux composants de la tromperie	57
Étude de recherche sur la tromperie	62
Recherche Sociale	62
Recherche Psychologique	64
Approche	67
CHAPITRE SEPT	69

Les Domaines Clés de Nos Vies qui Nous Rendent Vulnérables à la Psychologie Noire — 69

    Foi aveugle et croyances religieuses — 74

    Est-ce que cela continue indéfiniment? — 75

    Conditionnement social — 80

    Ambition et aspirations personnelles — 86

    L'aspiration est une qualité attirante chez tout être humain. — 87

    Cicatrices psychologiques — 92

CHAPITRE HUIT — 97

Comment se Libérer et Accepter que Vous Avez un Problème — 97

    Agissez rapidement — 101

    Obtenez de l'aide rapidement — 104

CHAPITRE NEUF — 109

Lavages de Cerveau — 109

    Qu'est-ce que le lavage de cerveau? — 109

    Types de lavage de cerveau — 116

    Persuasion en tant que défense en cour — 128

CHAPITRE DIX — 131

La Manipulation — 131

    Qu'est-ce que la manipulation? — 132

    Besoins pour manipuler avec success — 136

CHAPITRE ONZE — 139

La Persuasion — 139

    Qu'est-ce que la persuasion? — 140

Aspects de la persuasion	142
La persuasion est symbolique	143
La persuasion moderne	145

CHAPITRE DOUZE   149

Meilleures Façons de Renforcer Votre Défense Contre la Psychologie Noire	149
Ne dissimulez pas	149
Pardonnez-vous	153
Reprenez votre pouvoir et passez à la prochaine étape	155
Plongez plus profondément en vous-même pour découvrir précisément d'où viennent ces idées	156
Nous sapons ces relations avant même qu'elles ne commencent	157
Faites confiance à votre instinct	158
Ensuite, prêtez attention à vos idées	159
Utilisez les meilleures pratiques dans toutes vos interactions	162

CONCLUSION   165

INTRODUCTION

Vous sentez-vous comme un pion dans le jeu d'échecs d'une autre personne? En avez-vous assez d'être manipulé à chaque instant? Aimeriez-vous pouvoir repérer et discerner les véritables émotions chez les autres afin de vous protéger contre les abus émotionnels et le contrôle? Ce livre est fait pour vous. ***Psychologie Noire: Apprenez à Analyser les Gens et à Vous Défendre Contre l'Influence Émotionnelle, le Lavage de Cerveau et la Tromperie,*** vous aide à connaître bien plus que les bases du comportement humain. Il vous emmène dans un voyage approfondi qui explore les recoins sombres de l'esprit humain et vous fournit des actions informatives et utiles pour développer vos défenses mentales contre cela.

Dans ce livre, vous découvrirez:

- Les vérités fondamentales sur la psychologie noire
- Comment, lorsqu'elle est habilement masquée dans un réseau de mensonges, reconnaître et séparer la réalité
- Les éléments de votre vie quotidienne qui vous rendent vulnérable aux contrôles des autres
- Si vous vous êtes déjà retrouvé victime, un programme en cinq étapes pour vous aider à vous libérer

- Comment vous protéger des impacts de la psychologie noire

Si vous ou l'un de vos proches avez souffert émotionnellement ou traversez actuellement un problème directement lié aux risques inhérents à la psychologie noire, ce livre est fait pour vous. Et si vous êtes simplement curieux de savoir comment fonctionne la psychologie noire et souhaitez savoir comment vous protéger, ce livre décompose ce phénomène complexe en termes simples.

La psychologie noire n'est pas un concept unique, et ce livre ne fait pas de découvertes révolutionnaires. Cependant, elle a été discutée à voix basse, et il existe encore beaucoup d'informations qui ont été perdues dans des discours psychologiques peu raisonnables qui vous laissent plus perplexe que informé.

Ce livre s'acquitte d'une tâche fiable pour démystifier la psychologie noire et vous arme du savoir dont vous avez besoin pour vous en protéger. Si vous êtes prêt, passez à la page suivante et préparez-vous à changer votre vi

CHAPITRE ON

Qu'est-ce Que la Psychologie Noir?

"On ne peut pas le voir, on ne peut pas le ressentir, on ne peut pas l'entendre, on ne peut pas le sentir. Il se cache derrière les étoiles et sous les collines, et il remplit les trous vides. Il arrive au début et suit après. Il met fin à la vie, tue le rire."

J.R.R Tolkien - *The Hobbit*

L'esprit est l'un des aspects les plus compliqués de la nature humaine. Les opérations du cerveau sont quelque chose qui a intrigué et fasciné l'humanité depuis aussi longtemps que nous nous en souvenons. Les scientifiques, théoriciens et psychologues ont cherché à déchiffrer les mystères de l'esprit. Il est généralement admis que l'esprit humain influence nos habitudes et nos actions. De nombreuses études ont été menées pour comprendre le processus psychologique qu'une personne traverse avant d'agir, qu'il s'agisse d'une action positive ou négative.

Certains chercheurs qui tentent d'étudier l'esprit humain ont concentré leurs efforts sur le cerveau. Ces études examinent les éléments physiques du cerveau en se concentrant sur la manière dont l'information est acquise, traitée, analysée et stockée. Leur objectif principal est de mieux comprendre comment l'esprit peut influencer la façon de penser d'un individu. Ce sont des études comme celles-ci qui ont ouvert la voie au développement de traitements pour des affections débilitantes comme la maladie d'Alzheimer, les troubles de la perception et la perte de mémoire.

L'aspect le plus familier de l'étude de l'esprit humain est la psychologie. À un moment ou à un autre de notre vie, soit nous avons consulté un psychologue, soit nous connaissions quelqu'un qui en avait besoin pour surmonter nos luttes psychologiques les plus difficiles. La plupart du temps, les expériences de la vie nous brisent de manière que nous ne pouvons pas réparer seuls. Parfois, cette dégradation est le résultat de certains marqueurs biologiques hérités de nos parents. Des émotions telles que la dépression, le stress, l'anxiété et la peur obscurcissent nos expériences quotidiennes et rendent difficile la prospérité. Avec une combinaison de médicaments et de thérapie, nous pouvons nous protéger de l'obscurité intérieure.

Mais qu'en est-il de l'obscurité chez les autres?

Chacun de nous a la capacité de faire un bien immense. Nous possédons également la capacité de faire un mal extrême. Sous des émotions comme la tristesse, la dépression, la joie, il existe un désir profond et intense qui peut nous pousser à nuire aux autres si ces impulsions ne sont pas consciemment contrôlées. Ces désirs sombres sont enracinés dans des impulsions plus primitives comme notre réponse de lutte ou de fuite qui favorise notre survie. Parfois, il n'y a qu'un seul mot qui qualifie la réponse humaine à ces émotions sombres: le mal.

La psychologie noire est l'étude de la condition humaine et de la nature rationnelle des êtres humains à exploiter les autres. En termes simples, la psychologie noire explore cet aspect de l'humanité qui nous permet de faire intentionnellement des choses qui nuisent à nos semblables. Il est important de noter que l'utilisation du mot victime dans ce contexte ne signifie pas nécessairement l'atteinte physique d'un individu. Cependant, il existe une branche de la psychologie noire qui se consacre à cela. Dans les chapitres suivants, nous aborderons brièvement ces domaines pour mieux comprendre le sujet.

Dans les films ou les livres, vous avez peut-être rencontré des mots ou des phrases faisant référence à *"l'obscurité intérieure"*. Même certains des philosophes les plus célèbres en ont parlé. Le livre vénéré des chrétiens parle de la façon dont *"le cœur de l'homme est désespérément mauvais"*. Nous avons tous rencontré quelqu'un que nous avons décrit comme remarquablement calme ou réservé dans des situations sociales, seulement pour que cette même personne commette un acte si sournois qu'il nous est difficile de l'associer à cette personne. Souvent, nous sommes cette personne. Aussi surprenant que cela puisse paraître, ce n'est pas totalement choquant.

Ces cas sont simplement des réactions déclenchées par des circonstances extérieures. La casserole a été secouée, pour ainsi dire, et ces émotions sombres qui se cachaient sous la surface ont remonté. En général, elles diminuent une fois que le contrôle est appliqué. Tout le monde a une tendance latente à être un peu espiègle ou carrément malveillant si les bons *"boutons"* sont pressés.

Certaines personnes, d'autre part, ont le contrôle de ces émotions sombres. Elles les nourrissent, les entretiennent et, quand cela sert leurs intérêts, elles les déclenchent intentionnellement au détriment d'une autre personne.

Souvent, ces émotions sont cultivées dès le plus jeune âge. Un enfant apprend que s'il pleure d'une certaine manière, les adultes autour de lui se précipitent pour satisfaire sa demande. Si les parents ne comprennent pas assez tôt l'inadmissibilité de ce comportement, l'enfant grandit en croyant que les gens dans sa vie peuvent être manipulés pour répondre à ses demandes. Les pleurs cesseront d'être une arme en grandissant, mais l'individu continuera à manipuler les autres. Là où il ne pleure pas, il utilise des émotions pour faire du chantage à ses victimes. Ainsi, ce qui avait commencé comme une habitude enfantine innocente devient un besoin sombre à gérer.

Les efforts que cette personne déploie pour exercer son contrôle détermineront la force de ses actions. La psychologie noire consiste à étudier le processus de pensée d'un individu de ce type. Elle cherche à comprendre l'intention derrière ces actions, les schémas qui précèdent ces actes, et jette plus de lumière sur la façon dont une personne peut intentionnellement mener ces actions à bien, en comprenant la douleur et la souffrance qu'elles peuvent causer à une autre personne.

La psychologie noire éclaire le côté sombre de l'humanité.

CHAPITRE DEUX

Les Effets et l'Impact de la Psychologie Noire

"Lorsque vous allumez une bougie, vous projetez aussi une ombre"

- Ursula K. Le Guin

Étant donné ce que nous savons actuellement sur la psychologie noire, nous comprenons que certains des crimes les plus choquants sont enracinés dans des caractéristiques particulières associées à la psychologie noire. Mais cela a un effet négatif plus large. Je souhaite le rapprocher de chez nous, de vous et de moi.

Comment cette psychologie noire nous affecte-t-elle, si elle nous affecte du tout?

Je peux vous garantir qu'il n'y a pas de *"si"* à cette question, et en peu de temps, nous comprendrons comment.

Les résultats de la psychologie noire sont vécus à la fois par la victime et par le coupable. Pour connaître les impacts, nous devons explorer certains composants de la psychologie noire. Les personnes qui manifestent une caractéristique particulière considérée comme noire, telles que le narcissisme, la psychopathie et le machiavélisme, sont susceptibles de rencontrer des difficultés dans tous les aspects de leurs relations. Elles ont une propension plus grande à commettre un crime si ces trois caractéristiques sont présentes chez une même personne. Les trois caractéristiques discutées ont des attributs spécifiques qui leur sont associés.

Le narcissisme, par exemple, se caractérise par un sentiment de privilège, des sentiments de supériorité, une jalousie profonde du succès des autres, et un comportement exploiteur.

La psychopathie désigne l'absence de remords, le manque de compassion, des comportements impulsifs dévastateurs, de l'égocentrisme, et l'incapacité à assumer la responsabilité parmi ses caractéristiques.

L'égoïsme, la cruauté et les pratiques manipulatrices sont des signes caractéristiques du machiavélisme.

Individuellement, ces caractéristiques sont problématiques, mais réunies, elles peuvent causer de gros ennuis, en particulier dans la relation d'une personne avec les autres.

Dans le milieu professionnel, par exemple, cette personne pourrait:

- Sous-performer au travail, même avec les tâches les plus simples.
- Interrompre le flux de travail en raison de son incapacité à s'entendre avec les autres.
- Être extrêmement détestée par les autres.
- Son impulsivité la pousserait à prendre des décisions douteuses qui ne sont pas éthiques.
- Si elle est placée dans un rôle administratif, elle serait plus susceptible de commettre une infraction administrative.

Mais ce ne sont pas seulement ses relations professionnelles qui souffrent.

Dans ses relations, elle rencontrera probablement les problèmes suivants:

- Son besoin constant d'attention et de reconnaissance peut être épuisant pour son partenaire, ce qui entraîne la rupture plus rapide des relations.

- Elle recourt au chantage émotionnel et physique pour manipuler son partenaire.

- Elle tend à être abusive, verbalement, émotionnellement ou physiquement, envers ses enfants ou son partenaire.

- Les personnes qui entrent en relation avec elles paient un lourd prix émotionnel.

Si vous avez rencontré une personne dont les relations sont marquées par ces expériences, pour la paix de votre esprit et votre bien-être général, évitez-la. Si, en revanche, vous êtes celui qui vit cela, recherchez l'aide mentale dont vous avez besoin pour aller mieux. Peu importe à quel point ces problèmes sont enracinés, vous pouvez améliorer votre comportement et vos expériences grâce à la meilleure forme de thérapie. La première étape consiste à reconnaître la situation pour ce qu'elle est, à admettre que vous avez un problème et à chercher de l'aide sans tarder.

Pour les autres, côtoyer des personnes ayant les traits que j'ai mentionnés ci-dessus nous laisse mentalement et psychologiquement perturbés. Parfois, l'impact peut être physique et, dans des cas extrêmes, fatal. La douce voisine dont l'horrible expérience m'a amené à écrire ce livre a perdu tout ce qu'elle possédait physiquement: sa maison, son entreprise, ses finances, mais sa perte a été bien plus profonde et significative que cela. Nous n'avions pas de relation avec le criminel de l'acte; pourtant, nous sommes devenus des victimes.

Nos pertes n'ont pas été aussi grandes que les siennes, mais nous avons également souffert de pertes. Pour commencer, nous avons perdu notre douce voisine. Elle n'est pas morte, mais elle ne s'est jamais remise de cette expérience.

Nous avons perdu notre capacité à faire confiance aux inconnus. Même nos relations entre nous semblaient nécessiter une couche supplémentaire de confiance pour s'épanouir.

L'impact le plus important de la psychologie noire sur toute personne est qu'il produit un fort sentiment de perte. Nous perdons nos biens, nous perdons des relations, nous nous perdons nous-mêmes (je vais expliquer cela plus en détail) et pour ceux qui sont vraiment malchanceux, ils perdent leur vie. Il est juste de dire que l'impact de cette noirceur est profond.

Selon les spécialistes, si une personne manifeste l'un des types de personnalités sombres, il y a une très forte probabilité que cette personne manifeste les autres traits. Dans une société essentielle, si les membres les plus importants de la communauté exhibent ces traits, on peut dire sans risque qu'il y aurait des taux de criminalité élevés dans cette société. Cela ne signifie pas que les gens vivant dans des villes ou des pays avec plus de crimes sont plus enclins à la criminalité. D'autres facteurs contribuant doivent être pris en compte. Cependant, la possibilité ne peut être complètement exclue.

Ce qui ne peut pas être éliminé, en revanche, ce sont les séquences d'actions causales directement liées ou résultant de traits de personnalité sombres. Il existe des comportements nuisibles qui transforment les victimes en prédateurs, et ce cycle continue bien dans le futur jusqu'à ce que quelqu'un ait le courage de prendre des mesures audacieuses pour se libérer. Les enfants issus de foyers violents, par exemple, grandissent souvent pour devenir des abuseurs. Parfois, dans leur effort pour s'éloigner de leur modèle adulte, ils se retrouvent piégés dans des relations abusives similaires, même s'ils ne sont pas eux-mêmes les abuseurs. S'ils ont une forte attirance pour les éléments violents qui caractérisaient leur foyer d'enfance, cela est compréhensible. Pour d'autres, devenir victime peut avoir un tel impact sur leur psyché qu'il provoque un *"craquement"* en eux. J'ai lu que ce *"craquement"* peut être temporaire. En un instant, ils perdent le contrôle de tous leurs instincts primitifs et agissent sur l'émotion la plus forte qui émerge, généralement la colère. Cet état est ce qui pousse certaines personnes à plaider la folie passagère. Mais certaines personnes acceptent les émotions sombres qui surgissent lorsqu'elles *"craquent"*. Tout sens de moralité disparaît. Les conséquences de cela sont souvent dévastatrices.

CHAPITRE TROIS
Exemples Quotidiens des Différents Aspects de la Psychologie Noire

"J'ai peur de cette chose sombre qui dort en moi; Toute la journée, je ressens ses tournures douces et soyeuses, sa malignité"

- Sylvia Plath, ***Ariel***

Lorsque vous pensez aux mauvaises habitudes, vous seriez pardonné de penser que cela ne concerne que des activités criminelles qui vous propulsent à la une des journaux ou qui deviennent un film à long métrage sur une chaîne dédiée aux activités illégales. En réalité, cela inclut également une variété de choses qui sont devenues socialement acceptables, même si nous ne tolérons pas personnellement de telles habitudes. Nous sommes témoins de ces actions dans nos foyers, écoles et lieux de travail, et grâce aux technologies innovantes, nous les voyons désormais sur Internet. Pour vous aider à obtenir une image plus claire et une compréhension plus approfondie de ce sujet, ainsi que vous montrer à quel point ces actions sont proches de nous, je vais vous présenter quelques-unes des histoires criminelles les plus sensationnelles, ainsi que des activités apparemment insignifiantes qui ont conduit à une fin tragique.

ETUDE DE CAS UN

Actualités: Meurtre brutal d'un garçon de 14 ans
Traits du perpetrateur: Contrôlant, violent, manipulateur, reclus
Canal: Jeux en ligne

Voici l'histoire terrible d'un jeune garçon issu d'une famille bien établie; il bénéficiait des mêmes avantages que tout autre adolescent de son âge et de son groupe social, il avait une maman soutenante et un papa qui s'efforçait de tout lui donner. Sa maman avait pris toutes les précautions nécessaires pour protéger son enfant du monde intrusif d'internet. Les jeux vidéo en ligne étaient juste une autre activité que tout jeune garçon adolescent aimerait. Tant qu'il n'y passait pas trop de temps, il devrait aller bien.

Le perpetrateur, qui n'avait que quatre ans de plus, nourrissait des plans inquiétants. En manipulant totalement sa victime impressionnable et jeune avec des mensonges, il a trompé le garçon pour qu'il vienne chez lui, où il a commis l'acte criminel brutal. C'était l'un des cas les plus perturbants, surtout si l'on considère l'âge de la victime et de l'agresseur. Malgré sa génération, l'agresseur a montré toutes les caractéristiques prédatrices liées à la psychologie sombre et a ôté la vie pour affirmer son contrôle.

ETUDE DE CAS DEUX

Actualités: Le pire cas de violence domestique
Traits du perpetrateur: Physiquement violent, manipulateur, contrôlant
Canal: Relation

L'amour est en effet une chose magnifique. On y entre avec l'espoir que cette personne nous aime et prenne soin de nous lorsque l'on commence une relation avec quelqu'un avec qui l'on se soutient et se protège mutuellement. Dans le langage amoureux moderne, c'est *"toi et la personne contre le monde".* Et en effet, cela a commencé ainsi dans cette relation. Une mère célibataire s'efforce de prendre soin de sa fille et de la confier à un garçon captivant qui était ce qu'elle avait toujours souhaité chez un homme.

Il était charmant, attentionné, et semblait aimer son fils autant qu'il la voulait elle. Pour se rendre disponible pour cette jeune famille, il a quitté son travail et s'est consacré à prendre soin d'elle jusqu'à ce que sa véritable nature sombre émerge. Utilisant son amour pour sa famille, il l'a manipulée pour qu'elle s'isole de ses proches. Il a orchestré la perte de son emploi, ce qui a entraîné la perte de sa maison. Cela l'a assurée qu'elle dépendait de lui. Il l'a déplacée chez lui, où elle a été constamment soumise à des abus quotidiens, y compris certains des traitements les plus inhumains. Sa manipulation méticuleuse de la femme était si fiable que lorsqu'il lui donna le choix de la façon dont elle souhaitait être éliminée, elle réfléchit à l'idée car elle se sentait sans options et ne méritait pas mieux. Le hasard et un acte de courage de sa part ont conduit à sa sauvetage et à l'emprisonnement du criminel.

ETUD DE CAS TROIS

Actualités: Un ministre de Dieu populaire accusé d'avoir abusé de membres mineurs
Attributs de l'auteur: Manipulateur, contrôlant, égocentrique
Chaîne: Religion

Il existe une relation spirituelle entre les leaders religieux et leurs adeptes. Le leader est censé être la boussole morale qui guide ses disciples pour mener leur vie de manière appropriée. Depuis des années, malgré les croyances religieuses, certains leaders ont abusé de leur position de pouvoir, choisissant plutôt de jouer le rôle biblique de berger et de brebis. Au lieu d'être des bergers, ils choisissent d'être des loups. Ayant établi sa crédibilité en déclarant avoir une communication directe avec Dieu, ce leader spirituel a trompé ses membres avec sa vision. À un moment donné, il s'est proclamé Dieu et a affirmé qu'il devait coucher avec sept vierges, qui étaient aussi mineures. Il a ensuite été jugé et condamné pour ce crime.

Ces trois cas sont stupéfiants, mais la leçon est ce à quoi je veux attirer votre attention. Ces crimes n'étaient pas des activités criminelles aléatoires, impulsives. Ils ont impliqué une orchestration minutieuse qui a préparé les victimes et les a attirées en leur donnant un faux sentiment de confiance et de sécurité avant de frapper. La façon dont les événements se sont déroulés évoque le rôle de prédateur et de victime. La victime est suivie et observée en fonction des détails obtenus lors du processus d'observation, et le prédateur fait son mouvement. Ce mouvement n'est pas destiné à frapper, mais à charmer sa proie. Lui faire sentir qu'il est apprécié et pris en charge. Il semble qu'ils utilisent un masque et présentent des caractéristiques qu'ils savent attirer chez leurs victimes.

Peu à peu, la confiance est établie. L'objectif suivant est de faire en sorte que leur proie dépende d'eux. Que ce soit une dépendance financière, émotionnelle ou spirituelle, le résultat est le même. Ils souhaitent se sentir nécessaires. Ils séparent leur victime, puis ils frappent. Ce n'est pas comme ces crimes que vous soupçonnez ou voyez venir de loin. C'est comme une danse et une chanson qui offrent au prédateur un avantage et laissent la victime vulnérable. Dans le prochain chapitre, nous discuterons de notre vulnérabilité.

CHAPITRE QUATRE

Quelle est Notre Sensibilité à la Psychologie Noire?

"Partager sa faiblesse, c'est se rendre vulnérable; se rendre vulnérable, c'est montrer sa forc."

- Criss Jami

La préoccupation concernant notre vulnérabilité arrive à son paroxysme si nous analysons les études de cas utilisées pour montrer les effets de la psychologie sombre dans notre vie quotidienne. Les canaux utilisés par ces criminels sont assez innocents et ne sont pas exactement ce que l'on pourrait qualifier de précurseurs de la malchance. Il est donc juste de dire que ce sont les bases sur lesquelles ces plateformes ont été utilisées qui ont conduit à un mauvais résultat. Dans le premier cas, un enfant se trouve dans une salle de discussion de jeux vidéo pour ses pairs. C'est sa passion pour le jeu qui l'a amené là; cependant, c'est son besoin de se connecter avec des amis qui a influencé ses choix, et c'est ce besoin que le prédateur a exploité.

Dans la deuxième étude de cas, c'était un droit humain fondamental de se connecter avec quelqu'un à un niveau intime qui a été exploité, et les sentiments de la victime ont été manipulés pour changer sa réalité. De l'amour, elle est tombée dans un état émotionnel d'insignifiance, et le criminel lui a infligé plus de torts en raison de son état de vulnérabilité.

Et dans le troisième cas, les victimes ont placé leur foi dans la mauvaise divinité, même si leurs intentions étaient justes et humaines. Le prédateur s'est présenté comme un lien essentiel à ce qu'elles cherchaient à accomplir spirituellement, et ce désir est devenu la base de leur malheur.

D'autres cas que j'ai étudiés suivent ce même modèle. Les souhaits et les besoins émotionnels des victimes ont été manipulés contre elles. Cela donne du crédit à la croyance que nos désirs et nos besoins sont ce qui nous rend vulnérables à ces prédateurs. Cela signifie-t-il que nous devrions nous fermer émotionnellement? Réfléchissons à cela un instant.

Nous avons été élevés pour montrer de la force, ne pas céder, et ne pas laisser quiconque voir nos préoccupations. C'est parce qu'on nous apprend qu'aller à l'encontre de ces directives nous ferait passer pour faibles et vulnérables.

Paradoxalement, c'est justement ce qui nous sépare des autres animaux qui est devenu la véritable source à la fois de notre force et de notre faiblesse. Et cela, c'est notre humanité. Parce que nous sommes humains, nous sommes vulnérables. Nos désirs, nos espoirs, nos aspirations, notre quête d'une vie transcendante sont quelques-unes des choses essentielles qui nous rendent vulnérables.

Le jour où nous cesserons de posséder ces choses, nous cesserons d'être humains, et quand nous ne serons plus humains, nous deviendrons ce que nous essayons de protéger. Quand nous cessons de penser, quand nous cessons de nous soucier, ou quand nous cessons d'être vulnérables, nous devenons ces êtres dénués d'âme dont le seul objectif est de satisfaire leurs désirs débridés avec cruauté, sans se soucier de qui sera blessé dans le processus. Cela dit, bien que nous reconnaissions que notre humanité nous rend vulnérables, nous ne devons pas oublier que nous pouvons aussi en tirer de la force.

Cela m'amène au besoin biologique profondément enraciné chez les humains de se connecter avec les autres. Reconnaissons que ce besoin est un besoin humain émotionnel sain. Sans connexion avec un autre humain, nous cessons de bien fonctionner.

Nous avons besoin de contacts avec d'autres humains pour grandir. Puisque les gens ont différentes raisons d'établir des relations avec les autres, ce besoin de se connecter avec les autres nous rend vulnérables.

Certains cherchent véritablement à établir de bonnes relations, d'autres veulent simplement utiliser les personnes de leur vie pour atteindre un autre objectif, comme la richesse ou l'influence. Pour d'autres, leurs intentions sont encore plus sinistres. Le secret pour naviguer dans ce genre d'agenda humain est de le comprendre.

Il fut un temps où l'expression *"L'ignorance est un bonheur"*, était vantée dans de nombreux cercles comme un mantra mettant l'accent sur le problème de la responsabilité liée à la connaissance. Je peux vous assurer que le coût que vous payez pour le manque de connaissance est bien plus élevé que le fardeau que la compréhension apporte. Et si vous souhaitez gagner cette guerre mentale contre les effets séduisants de la psychologie sombre, vous avez besoin de connaissances et de la bonne application de celles-ci dans ce que vous faites.

Renoncer à avoir des émotions peut sembler la solution idéale, mais il existe des cas documentés où cela a échoué et a même entraîné de plus grandes pertes. Choisir d'être malhonnête et de se replier sur soi-même a rendu les victimes beaucoup plus vulnérables à une attaque prédatrice vicieuse.

Au lieu de fermer les opportunités de développer des relations avec les autres, vous devriez rester ouvert tout en étant prudent lorsqu'il s'agit de vos besoins et de vos sentiments. Je suis également au courant de cas où les besoins émotionnels de la victime ont submergé sa pensée rationnelle. Et c'est ce qui les a mises en danger. Nos émotions peuvent fonctionner comme un système de navigation qui nous guide vers nos besoins, et il existe des émotions spécifiques qui servent de défenses biologiques contre les dangers comme ceux que nous avons examinés. Et à mesure que nous approfondirons le sujet, vous apprendrez quelles sont ces émotions, ainsi que comment vous entraîner à les reconnaître. D'ici là, si vous retenez quelque chose de ce chapitre, cela doit être la compréhension que oui, vous êtes vulnérable. Mais, en reconnaissant et en accueillant ces vulnérabilités, vous pouvez inverser vos plus grandes faiblesses en votre plus grande force.

CHAPITRE CINQ

Analyser la Manipulation de la Psychologie Noire

"La manipulation soutenue avec une grande intention peut être une véritable bénédiction. Cependant, lorsqu'elle est utilisée de manière malveillante, elle marque le début du malheur karmique d'un magicien."

- T. F. Hodge

En termes simples, contrôler quelqu'un, c'est influencer ou affecter cette personne de manière habile ou sans scrupules. Que cela nous plaise ou non, nous avons tous manipulé quelqu'un ou une situation pour obtenir un résultat souhaité. Cela peut sembler sombre, mais laissez-moi alléger l'ambiance avec une histoire de ma jeunesse malicieuse.

Quand j'étais enfant, j'avais l'habitude de tomber *"malade"* chaque fois que je ne voulais pas aller à l'école. Au début, mes parents me couvaient chaque fois que cela arrivait. Après deux visites d'urgence à l'hôpital, ma mère a commencé à comprendre mes malice. Lors des occasions suivantes, je ne suis pas allé à l'hôpital, mais j'ai pu rester à la maison. Un jour, pendant une de mes crises d'estomac, mes amis m'ont appelé, tout excités, pour me dire qu'un acteur local venait à l'école pour une visite médicale. Je suis allé voir ma mère, en suppliant pour qu'elle me ramène à l'école, oubliant totalement ma *"terrible douleur à l'estomac"*. Ma mère m'a répondu qu'elle n'allait pas céder et que je devais rester tranquille. Aucun de mes supplications n'a changé son avis. Même après avoir avoué avoir inventé ma douleur. Le lendemain, à l'école, j'étais vert de jalousie quand mes amis m'ont montré toutes les choses cool que l'acteur leur avait apportées. Suffit de dire que je n'ai plus jamais inventé de maladies pour éviter l'école.

En ce qui concerne les choses que nous faisons pour contrôler une situation, cette histoire n'est qu'une parmi tant d'autres. Je connais encore de nombreux adultes qui simulent un rhume pour avoir un jour de congé. Ce n'est pas totalement mauvais, n'est-ce pas? Parfois, nous avons été manipulés pour faire des choix qui nous sont bénéfiques. Un ami vous offre une belle paire de chaussures de course et un abonnement d'un mois à un club de gym local, vous savez qu'il veut que vous soyez plus actif. Vous êtes-vous déjà retrouvé à un déjeuner avec un ami, seulement pour que, dans une urgence, un potentiel partenaire (pour votre ami bien sûr) fasse son apparition? Je suis passé par là. Il est intéressant de noter que, lorsque nous nous sentons menacés, l'une des techniques que nous utilisons pour sortir de cette situation indésirable, si la force brute n'est pas une option, c'est aussi de la manipulation.

C'est-à-dire que l'art de la manipulation fait partie de notre nature. Cependant, lorsqu'il s'agit de manipulation psychologique, les choses deviennent plus sombres et plus malveillantes. Dans ce cas, les actions ou les pensées d'une personne sont influencées par l'utilisation de méthodes trompeuses qui sont soit violentes, soit trompeuses, voire les deux. Dans ce contexte, la personne manipulée n'a pas le choix d'accepter ou de rejeter les désirs du manipulateur. Elle est simplement forcée à se conformer.

Les manipulateurs ont leurs raisons de faire ce qu'ils font. Souvent, il s'agit de quelque chose d'aussi simple que de gagner de l'argent, comme le soldat imaginaire qui a escroqué ma voisine de toutes ses économies. Dans le milieu du travail, ces individus sont déterminés à faire avancer leur agenda, même si cela implique de faire s'affronter certaines personnes. Leur idée est simple: si tu le veux, il faut tendre la main et le prendre. Dans les relations, il s'agit souvent de prendre du pouvoir et de rester en contrôle. Le besoin de diriger alimente tout ce qu'ils font, et parfois, ils peuvent aller très loin pour y parvenir. Et puis, il y a ceux qui aiment contrôler les gens pour leur propre plaisir.

Ils sont simplement fatigués, et ils utilisent leurs jeux manipulateurs pour passer le temps. C'est brutal et vicieux, mais c'est juste comme cela qu'ils pensent.

L'une des tactiques les plus courantes utilisées par les manipulateurs est le mensonge. Un manipulateur de maître est un expert en tromperie. Il est habile à créer de grandes histoires qui n'ont aucune base réelle. Ou il choisit de recourir à la dissimulation et ment par omission. Certaines personnes sont tellement bonnes dans leurs mensonges qu'on ne s'en rend presque jamais compte avant qu'il ne soit trop tard. Une autre tactique utilisée par les manipulateurs est la culpabilisation et la honte. Lorsqu'ils sont confrontés à quelque chose qu'ils ont fait de mal, ils le nient immédiatement, puis retournent rapidement la situation en vous faisant vous sentir mal d'avoir douté d'eux dès le départ. Pour renforcer leur emprise sur leur victime, ils la diabolisent, transformant ainsi la victime en agresseur. Vous voyez ce genre de technique manipulatrice dans les cas domestiques où l'abuseur prétend que le caractère, les paroles ou les actions de la victime ont provoqué son comportement.

D'autres stratégies subtiles utilisées dans la manipulation incluent l'utilisation de réponses évasives et non committantes aux questions posées. Justification des actions lorsqu'elles sont capturées et réécriture de la réalité pour correspondre à leur récit. Certains manipulateurs utilisent le sexe et la séduction pour atteindre leurs objectifs sournois. Lorsqu'ils sont pris la main dans le sac, la colère et la projection de la culpabilité sont rapidement utilisées pour contrôler la situation en leur faveur.

Cependant, les manipulateurs ne choisissent pas toujours leurs victimes au hasard. Il y a certaines caractéristiques chez leurs victimes qui les attirent, et des vulnérabilités particulières qui rendent plus facile pour le manipulateur de commettre leurs crimes. Les personnes solitaires, ayant une faible estime d'elles-mêmes et un désir de plaire, sont plus faciles à manipuler qu'un certain type social. Certaines personnes présentent des caractéristiques comparables à celles des personnes qui finissent manipulées. Pour ces personnes, les manipulateurs étudient leurs défauts de caractère et leurs faiblesses avant de les utiliser contre elles. Les personnes impressionnables sont susceptibles d'être trompées par des apparences. Les personnes audacieuses, qui ont tendance à prendre des décisions impulsives, sont plus susceptibles d'être contrôlées pour prendre des décisions hâtives ayant des conséquences à long terme. Les personnes matérialistes et avides sont plus enclines à être escroquées.

CHAPITRE SIX

Tromperie

"Ce n'est pas parce que quelque chose n'est pas un mensonge que cela ne peut pas être trompeur. Un menteur sait qu'il est un menteur. Mais celui qui dit des portions simples de vérité pour tromper est un artisan du mal."

- Criss Jami

La tromperie est définie comme l'acte de cacher la vérité, spécifiquement pour obtenir un bénéfice. Cela peut ressembler à de la manipulation, mais il existe une différence distincte. La tromperie est souvent utilisée dans le cadre de la manipulation et fait partie des nombreuses couches du stratagème d'un manipulateur. Le but de la tromperie est de tromper et d'induire l'autre en erreur. Bien que la manipulation soit bien plus profonde que cela, cela ne diminue pas les effets négatifs de la tromperie. Un mensonge peut prendre longtemps avant d'être découvert, mais lorsqu'il l'est, les dégâts et la destruction qu'il laisse derrière peuvent être dévastateurs.

Je comprends l'histoire d'un homme qui était marié depuis plus de 25 ans. Cette relation a produit trois enfants âgés de 11 à 17 ans. Tout allait bien pour la famille. Les enfants allaient dans les meilleures écoles, bénéficiaient des luxes de la vie, grâce à la richesse acquise par des années de travail acharné et de persévérance de la part de l'homme. Il gâtait ses enfants en veillant à ce qu'ils aient tout ce dont ils avaient besoin. Et qui pourrait lui en vouloir? Pendant les sept premières années de leur mariage, le couple n'avait pas pu avoir d'enfants. Ils ont cherché l'aide de professionnels, de spiritueux, et ont même tenté quelques pratiques non orthodoxes, mais en vain. À un moment donné, lorsque la situation était à son plus bas, sa femme est tombée enceinte. Il était ravi. Lorsque le couple a ajouté deux autres enfants à la famille, il semblait que les choses ne pouvaient pas s'améliorer, mais elles se sont améliorées.

Sa richesse a considérablement augmenté, et le timing était parfait. Un jour, le couple a reçu un appel leur annonçant que leur premier-né avait eu un accident. Une opération de sauvetage de la vie nécessitant une transplantation d'organe était nécessaire. Lors de l'opération où il donnait un organe pour sauver son enfant, il a découvert le terrible secret que sa femme avait caché pendant de nombreuses années. L'enfant n'était pas le sien. Aucun des enfants n'était le sien. Brisé, blessé et honteux, il s'est suicidé, mais pas sans couper sa femme et ses enfants de sa richesse. Cette tromperie avait commencé comme un mensonge d'une seule personne, mais à la fin de la journée, cinq personnes (y compris le trompeur) en ont été affectées. Sans parler de la douleur que ressentiraient la famille élargie, les amis et les collègues.

Dans un autre cas, une jeune start-up a embauché les services d'un comptable pour gérer ses affaires financières. Le propriétaire de la start-up est rapidement devenu proche de ce jeune comptable. C'était une relation strictement professionnelle, mais il y avait aussi un certain sentiment de complicité. À mesure que l'entreprise se développait et étendait ses opérations, le propriétaire de l'entreprise a confié la majorité des responsabilités administratives au comptable. Il s'est montré compétent et a été chargé de plus de responsabilités. Ces fonctions offraient de nombreux avantages et privilèges, et pendant un certain temps, tout allait bien. Mais lorsqu'une affaire échouée a nécessité une vérification rapide des dossiers de l'entreprise, le propriétaire n'était pas préparé à la découverte qui s'est déroulée. Au fil des ans, lui et son entreprise avaient été systématiquement volés, au point où les comptes de l'entreprise étaient dans le rouge. Le comptable s'est enfui, et il a dû nettoyer tout cela. En quelques mois, l'entreprise a fait faillite. Quarante-trois personnes ont perdu leur emploi et le propriétaire de l'entreprise a perdu tout son investissement et sa capacité à faire confiance.

La chose crue à propos de la tromperie est qu'elle repose sur un véritable sentiment qui est essentiel à la relation humaine: la confiance. Pour qu'un acte de fraude fonctionne, une relation doit se développer entre la victime et le trompeur. Plus la confiance est grande, plus la trahison est forte. Et lorsqu'il y a une profonde trahison, l'impact destructeur va généralement au-delà des deux personnes concernées.

La tromperie n'est pas toujours quelque chose qui est fait aux autres. Parfois, ce sont les mensonges que nous nous racontons à nous-mêmes. Nous validons certaines actions avec les mensonges profonds que nous nous disons. Tout comme la manipulation, mentir est aussi quelque chose que tout le monde fait. Certains d'entre nous ont peut-être développé certains principes éthiques qui nous rendent difficile de dire des mensonges flagrants ou de nous associer à des personnes qui le font. Cela ne nous empêche pas de mentir, même si ce sont des *"petits"* mensonges. Comprendre la réponse à une question, mais choisir de rejeter cette connaissance pour préserver sa grâce sociale est un mensonge.

Permettez-moi d'expliquer: imaginons que vous ayez vu votre manager jeter l'emploi de votre collègue [quelque chose qu'il ou elle a durement gagné] à la poubelle, et vous avez écouté attentivement comment il ou elle trouve l'idée horrible. Vous hésitez, et lorsque vous quittez le bureau, vous êtes confronté audit collègue qui vous demande l'avis du patron sur l'emploi. Dire la vérité dans ce cas ferait plus de mal que de bien. Par conséquent, vous mentez. Votre intention de tromper votre collègue était de son bien.

Dans la psychologie noire, l'intention de tromper présente plus d'avantages pour le trompeur que pour la victime. Comme mentionné précédemment, les manipulateurs utilisent la tromperie pour renforcer leur emprise sur leurs victimes. Pour les trompeurs, le stratagème ouvre la voie à l'établissement d'une relation avec la victime. L'objectif est d'exploiter cette relation à leur avantage. L'une des formes les plus récentes de tromperie employées aujourd'hui est l'affection trompeuse. Les gens prétendent ressentir plus d'amour ou de sentiments pour vous qu'ils n'en ont réellement. Il y a peu de choses que l'on peut utiliser pour décrire la sensation d'être dit que quelqu'un vous aime. Cela est particulièrement gratifiant pour les personnes qui ont toujours désiré cette expérience. Le trompeur obtient des avantages en déclarant cet amour faux sous forme de confiance, de sexe et d'argent.

Types de Tromperie

La Tromperie est un type de communication qui repose sur des omissions et dépend de l'ordre pour persuader le sujet du monde qui lui convient le mieux. Puisqu'il y a une interaction impliquée, plusieurs types de tromperie peuvent se produire. Selon la Théorie de la Tromperie Interpersonnelle, il existe cinq types différents de tromperie. Certains d'entre eux ont été démontrés dans d'autres formes de contrôle mental, montrant qu'il peut y avoir des chevauchements.

Les cinq principales formes de tromperie incluent:

1. **Les Mensonges:** C'est lorsque l'agent omet des informations ou fournit des informations qui sont différentes de la vérité. Ils présenteront ces informations au sujet comme étant des faits, et le sujet les percevra comme la vérité. Cela peut être nuisible car le sujet ne saura pas qu'il est alimenté avec de fausses informations; si le sujet savait que l'information était fausse, il ne parlerait probablement pas sans tromperie, et l'agent en serait conscient.

2. **Les Équivoques:** C'est lorsque le représentant fait des déclarations incohérentes, floues ou indirectes. Cela est fait pour induire le sujet en confusion et l'empêcher de comprendre ce qui se passe. Si la personne revient plus tard et tente de les accuser des informations fausses, cela peut également aider l'agent à défendre sa position.

3. **Les Cachotteries:** C'est l'un des types de tromperie les plus courants utilisés. Les cachotteries surviennent lorsque l'agent

omet des informations pertinentes ou importantes dans le contexte, délibérément, ou s'engage dans tout comportement qui dissimule des informations pertinentes pour le sujet dans un contexte particulier. L'agent n'aura pas directement menti au sujet, mais il s'assurera que les détails essentiels nécessaires ne soient pas divulgués.

4. **L'Exagération**: C'est lorsque l'agent exagère un fait ou étend un peu la vérité pour orienter l'histoire comme il le souhaite. Bien que l'agent ne mente pas directement au sujet, il fera en sorte que la situation paraisse plus importante qu'elle ne l'est, ou il modifiera légèrement les faits pour que le sujet fasse ce qu'il veut.

5. **Les Sous-estimations:** Une sous-estimation est l'exact opposé de l'exagération, où l'agent minimisera ou réduira certains aspects des faits. Ils diront au sujet qu'un événement n'est pas si important, alors qu'en réalité, il pourrait s'agir de la chose cruciale qui détermine si le sujet réussira ou obtiendra cette promotion importante. L'agent pourra revenir plus tard et dire qu'il n'avait pas réalisé l'ampleur de la situation, ce qui le fera paraître bien et le sujet presque mesquin s'il se plaint.

Ce ne sont que quelques-uns des types de tromperie qui peuvent être trouvés. L'agent de la tromperie utilisera toutes les techniques à sa disposition pour atteindre son objectif final, tout comme ce qui se passe dans les autres formes de contrôle mental. Si l'agent peut atteindre son but en utilisant une autre méthode contre le sujet, alors il le fera, donc la liste ci-dessus n'est en aucun cas exclusive. L'agent de la tromperie peut être vraiment nuisible car le sujet ne sera pas capable de distinguer ce qui est vrai de ce qui est un acte de mensonge; l'agent sera tellement compétent dans ce qu'il fait qu'il sera presque impossible de déterminer la vérité de ce qui ne l'est pas.

Motifs de la Tromperie

Les scientifiques ont découvert qu'il existe trois principaux motifs de la tromperie dans les relations intimes. Ceux-ci sont les motifs centrés sur le partenaire, les motifs centrés sur soi-même et les motifs centrés sur la relation.

- **Motifs centrés sur le partenaire.** Dans ce type de motif, l'agent utilise la tromperie pour éviter de causer du tort au sujet ou à son partenaire. Ils peuvent également utiliser la tromperie pour protéger la relation du sujet avec une tierce personne, pour éviter que le sujet se soucie de quelque chose ou pour préserver la confiance du sujet. Souvent, ce type de tromperie est perçu comme bénéfique pour la relation, ainsi que socialement courtois. Ce type de tromperie n'est pas aussi grave que les autres. Si l'agent apprend quelque chose de négatif que l'ami du sujet a dit à son sujet, l'agent pourrait choisir de ne rien en dire. Bien que cela constitue une tromperie, cela aide le sujet à préserver cette amitié sans qu'il se sente mal. Ce type de tromperie est souvent présent dans les relations et ne cause pas nécessairement de grands dommages s'il est découvert. De nombreux couples choisiraient d'utiliser cette tromperie pour protéger leur partenaire.

- **Motifs centrés sur soi-même**. Ce motif est considéré comme moins noble que le premier et, de ce fait, il est plus désapprouvé que les autres méthodes. Plutôt que de se soucier des sentiments du sujet, l'agent pense uniquement à son propre bien-être et à son image personnelle. Dans ce motif, l'agent utilise la tromperie pour protéger ou améliorer son image de soi. Ce type de tromperie est utilisé pour protéger l'agent de la critique, de la colère ou de la honte. Lorsque ce type de tromperie est utilisé dans une relation, il est généralement perçu comme un problème plus grave et une transgression plus importante que la tromperie centrée sur le partenaire. Cela s'explique par le fait que l'agent choisit d'agir de manière égoïste plutôt que de travailler à protéger la relation ou l'autre partenaire.

- **Motifs centrés sur la relation**. Cette tromperie est utilisée par l'agent dans l'espoir de limiter tout préjudice qui pourrait nuire à la relation en évitant tout dommage relationnel et conflit. Selon la situation, ce type de tromperie peut, dans certains cas, être bénéfique car il rend les choses moins compliquées dans la relation. Dans d'autres cas, cela peut être la cause de l'endommagement de la relation. Par exemple, si vous choisissez de cacher ce que vous ressentez à propos d'un dîner parce que vous ne voulez pas de problèmes, cela peut aider la relation. D'un autre côté, si vous avez eu une aventure et que vous choisissez de garder cette information pour vous, cela compliquera les choses à long terme. Malgré l'intention de la tromperie dans la relation, ce n'est pas recommandé. L'agent cache des détails qui pourraient être importants pour le sujet. Une fois que le sujet découvre cette tromperie, il commencera à perdre confiance en l'agent et se demandera ce que l'agent cache encore. Le sujet ne s'inquiètera pas de la raison derrière la tromperie, il sera simplement contrarié que quelque chose ait été dissimulé, et la relation commencera à se fissurer. Il est préférable de suivre la politique de la sincérité dans la relation et de s'entourer de personnes qui ne pratiquent pas la tromperie dans votre cercle social.

Identifier la tromperie

Si le sujet souhaite éviter la tromperie dans sa vie et se protéger des jeux d'esprit qui l'accompagnent, il est essentiel d'apprendre à détecter quand une tromperie est en cours. Souvent, il est difficile pour le sujet de déterminer si une tromperie se produit, sauf si l'agent fait une erreur flagrante, raconte un mensonge évident, ou contredit quelque chose que le sujet sait déjà être vrai. Bien que maintenir une tromperie sur le long terme puisse être compliqué pour l'agent, il est fréquent que cela se produise dans les interactions quotidiennes, même entre des personnes qui se connaissent.

Identifier la tromperie est un processus complexe, car il n'existe pas de signes universels ou fiables qui permettent de la déceler avec certitude. La tromperie impose un stress cognitif important à l'agent, qui doit se souvenir de toutes les déclarations faites pour maintenir une histoire cohérente et crédible. Une simple erreur peut permettre au sujet de remarquer qu'il y a une incohérence. En raison de cette pression, l'agent peut laisser échapper des indices, qu'ils soient verbaux ou non verbaux, susceptibles d'alerter le sujet.

Les scientifiques pensent que détecter la tromperie est un processus cognitif fluide et complexe, souvent dépendant du message échangé. Selon la théorie de la tromperie interpersonnelle, la tromperie est un processus dynamique et itératif d'influence entre l'agent, qui manipule les informations pour les éloigner de la vérité, et le sujet, qui cherche à déterminer si le message est authentique. Les actions de l'agent sont interconnectées aux réactions du sujet face au message. Au cours de cet échange, l'agent peut laisser échapper des indices, à travers des comportements verbaux et non verbaux, qui permettent au sujet de détecter la tromperie.

Cependant, il n'est pas toujours possible de détecter la tromperie avec certitude. Selon Aldert Vrij, un spécialiste reconnu dans ce domaine, il n'existe pas de comportements non verbaux spécifiquement associés à la tromperie. Bien que certains indices non verbaux puissent être corrélés à la tromperie, ils peuvent également apparaître dans d'autres contextes, rendant difficile de conclure qu'une personne ment sans preuve claire.

Mark Frank, un autre expert en tromperie, propose une approche différente, mettant l'accent sur le rôle cognitif dans la détection de la tromperie. Lorsqu'une tromperie est en cours, elle implique une intention consciente et délibérée de la part de l'agent. Observer les mots utilisés et les mouvements corporels peut donc s'avérer crucial. Par exemple, si une personne est confrontée à une question et répond de manière évasive, utilise des distractions, emploie une structure de raisonnement peu logique, répète des mots fréquemment ou parle moins que d'habitude sur un point précis, cela peut être un signe de mensonge.

En résumé, il existe peu de signes évidents pour détecter la tromperie. Certains indices non verbaux peuvent indiquer une tromperie, mais ils peuvent également être liés à d'autres états, comme le stress ou la timidité. Il est donc important d'analyser le contexte global pour identifier avec précision si une tromperie est en cours.

Principaux composants de la tromperie

Bien qu'il puisse être difficile de déterminer quels aspects indiquent qu'une tromperie est en cours, certains éléments sont typiques de ce phénomène. En général, le sujet ne se rendra pas compte de ces éléments, sauf si l'agent a raconté un mensonge flagrant ou a été pris en flagrant délit de tromperie. Si l'agent utilise le processus de tromperie de manière optimale, ces composants deviendront évidents au fil du temps. Les trois principaux composants de la tromperie incluent:

1. Le camouflage
2. Le déguisement
3. La simulation

1. Camouflage

Le premier composant de la tromperie est le camouflage. Cela se produit lorsque l'agent cherche à dissimuler la vérité d'une manière ou d'une autre pour que le sujet ne se rende pas compte qu'il manque des informations. L'utilisation de demi-vérités lors de la divulgation d'informations est une méthode couramment employée. Souvent, le sujet ne se rendra compte que plus tard qu'un camouflage a eu lieu, notamment lorsque les faits sont finalement révélés. L'agent excelle dans l'art de dissimuler la vérité, rendant difficile pour le sujet de percevoir la tromperie par hasard.

2. Déguisement

Le déguisement est également un composant qui se manifeste dans le processus de tromperie. Dans ce cas, l'agent cherche à créer l'impression d'être quelqu'un ou quelque chose d'autre. Cela implique que l'agent cache certains aspects de sa propre identité au sujet, comme son véritable nom, son métier, les personnes qu'il fréquente, ou encore ses activités lorsqu'il sort. Cette méthode dépasse le simple fait de changer de vêtements pour un rôle dans un film ou une pièce de théâtre. Dans le cadre d'une tromperie, le déguisement ne se limite pas à l'apparence: l'agent peut aller jusqu'à modifier toute sa personnalité pour manipuler et tromper le sujet.

De nombreux exemples illustrent l'utilisation du déguisement dans la tromperie. Le premier concerne l'agent qui se déguise, souvent en une autre personne, pour ne pas être reconnu. L'agent peut utiliser cette méthode pour se réintégrer dans un groupe qui ne l'apprécie pas, pour modifier son caractère et gagner l'affection de quelqu'un, ou pour toute autre raison visant à atteindre ses objectifs. Parfois, le terme *"déguisement"* peut également désigner le fait de déguiser la véritable nature d'une proposition dans l'espoir de dissimuler un impact ou une motivation impopulaire liée à cette proposition. Ce type de déguisement est souvent observé dans la propagande ou la manipulation politique.

Le déguisement peut être dangereux, car il masque la véritable nature de la situation. Si l'agent cache son identité au sujet, il devient difficile pour ce dernier de savoir à qui il a affaire. Lorsque des informations sont retenues, cela entrave la capacité du sujet à réfléchir de manière claire, car il ne dispose pas des données nécessaires pour prendre des décisions logiques. Bien que le sujet puisse croire qu'il prend des décisions rationnelles de son plein gré, l'agent lui a retiré des informations cruciales qui auraient pu modifier son point de vue.

3. Simulation

La troisième partie de la tromperie est appelée simulation. Cela consiste à fournir des informations fausses au sujet. Trois stratégies peuvent être utilisées dans la simulation: la fabrication, la mimique et la diversion.

Dans la mimique, ou l'imitation d'un autre modèle, l'agent représentera quelque chose de comparable à lui-même. Il peut avoir une idée qui ressemble à celle d'une autre personne, et au lieu de rendre hommage à cette idée, il dira que c'est la sienne. Ce type de simulation se produit généralement par des moyens auditifs, visuels et autres.

La fabrication est un autre outil que l'agent peut utiliser lorsqu'il recourt à la tromperie. Cela signifie que l'agent prendra quelque chose de réel et le modifiera pour le rendre différent. Il pourrait raconter un événement qui ne s'est pas produit, ou ajouter des détails qui rendent l'histoire plus belle ou même pire qu'elle ne l'était. Bien que le fond de l'histoire puisse être vrai, par exemple avoir obtenu une mauvaise note à un examen, de nouveaux éléments peuvent être ajoutés, comme le professeur ayant donné une mauvaise note de manière injustifiée. En réalité, l'agent n'a pas étudié, et c'est pour cela qu'il a obtenu une mauvaise note.

La diversion est un autre type de simulation dans la tromperie. Lorsque l'agent tente de manipuler le sujet, il concentre son attention sur quelque chose qui n'est pas la vérité, généralement en utilisant un appât ou quelque chose de plus attrayant que la vérité cachée. Par exemple, si le mari trompe sa femme et pense qu'elle commence à se douter de quelque chose, il pourrait lui offrir une bague en diamant pour la distraire du problème pendant un moment. Le problème avec cette stratégie est qu'elle ne dure souvent pas longtemps, et l'agent doit trouver une autre méthode pour tromper le sujet et maintenir le processus en cours.

Étude de recherche sur la tromperie

La tromperie est devenue une partie importante de la vie quotidienne. Que l'agent ait l'intention de causer des dommages ou non, il existe de nombreuses situations où la tromperie s'immisce dans toutes sortes de relations. L'agent peut tromper son supérieur pour obtenir plus de temps pour terminer un travail; un conjoint peut tromper son partenaire afin de ne pas blesser ses sentiments. Bien que de nombreux cas ne cherchent pas à causer du tort, ils sont néanmoins présents dans la société. En raison de ce phénomène, des recherches ont été menées pour déterminer pourquoi cela se produit et qui est susceptible de commettre ces actes.

Recherche Sociale

Socialement, des recherches ont été menées pour examiner les résultats de la tromperie sur la société. Il existe plusieurs approches en recherche sociale, comme en psychologie, qui traitent directement de la tromperie. Dans ces méthodologies, les chercheurs vont délibérément désinformer ou induire en erreur les participants concernant ce qui se passe réellement dans l'expérience. Cela maintient les sujets dans l'ignorance de ce qui se passe et aide à obtenir de meilleurs résultats.

Une étude réalisée en 1963 par Stanley Milgram démontre comment la tromperie fonctionne sur les individus.

Les agents ont informé les sujets qu'ils participeraient à une étude de recherche sur l'apprentissage et la mémoire; en réalité, cette étude visait à examiner à quel point les sujets étaient prêts à obéir aux ordres de quelqu'un en position d'autorité, même lorsque cette obéissance impliquait de causer de la douleur à d'autres sujets. Bien que la personne qui recevait la douleur était simplement un acteur et n'était pas réellement blessée dans l'expérience, il a été constaté que les sujets infligeaient la douleur la plus forte possible à l'acteur si on leur en donnait l'ordre. À la fin de l'étude, les sujets ont été informés de la véritable nature de l'étude, et des aides leur ont été proposées pour s'assurer qu'ils quittaient l'expérience dans un état de bien-être.

L'utilisation de la tromperie dans ce cadre a soulevé de nombreuses questions éthiques concernant les recherches. Actuellement, elle est régulée par l'American Psychological Association et d'autres organismes professionnels pour s'assurer que les sujets sont traités de manière équitable et qu'ils ne subissent pas de préjudice injustifié au cours du processus.

Recherche Psychologique

L'étude psychologique est la branche qui utilise le plus la tromperie, car cela est nécessaire pour identifier les résultats. Le raisonnement derrière cette tromperie est que les êtres humains sont très conscients de leur apparence, tant pour les autres que pour eux-mêmes, et que la conscience de soi qu'ils ressentent pourrait déformer ou interférer avec la façon dont le sujet se comporterait dans des situations normales, en dehors de l'étude, où ils ne se sentiraient pas observés. La tromperie est donc destinée à rendre les sujets plus à l'aise, afin que l'agent puisse obtenir des résultats plus précis.

Par exemple, l'agent pourrait être intéressé par la question des conditions qui poussent un étudiant à tricher lors d'un examen. Il n'est pas certain que les sujets tricheraient si l'agent demandait directement à l'étudiant de confesser sa tricherie, et il n'y aurait aucun moyen pour l'agent de savoir qui dit la vérité et qui ne le fait pas. Dans ce cas, l'agent devrait utiliser une diversion pour obtenir une idée précise de la fréquence de la tricherie. L'agent pourrait dire que l'étude cherche à savoir à quel point le sujet est sociable; le sujet pourrait même être informé pendant l'étude qu'il pourrait avoir l'occasion de regarder les réponses de quelqu'un d'autre avant de donner les siennes. À la fin de cette étude de tromperie, l'agent doit révéler au sujet la véritable nature de l'étude et pourquoi la tromperie était nécessaire. De plus, la plupart des agents donneront un résumé rapide des résultats obtenus entre les participants à la fin de l'étude.

Bien que la tromperie soit largement utilisée dans ce type de recherches, elle est régie par les lignes directrices éthiques de l'American Psychological Association; il existe des débats sur la question de savoir si la tromperie devrait être autorisée. Certains estiment que permettre la tromperie n'est pas nécessaire et qu'elle cause des torts aux sujets participants. D'autres croient que les résultats seraient manipulés si les sujets connaissaient la véritable nature de l'étude à l'avance. En général, la principale préoccupation avec l'utilisation de la tromperie dans une étude de recherche n'est pas la tromperie elle-même, mais plutôt le traitement désagréable auquel sont soumis les sujets et les conséquences de ce qui pourrait se passer dans le cadre de l'étude indésirable. Cela constitue souvent la raison principale pour laquelle certains sont contre l'utilisation de ce type d'étude et pourquoi elle est perçue comme malhonnête.

Un autre argument contre l'utilisation de la tromperie dans ces études est que le sujet a donné son consentement éclairé pour participer à l'étude. Il a lu les règles et les politiques associées à l'étude et pense être suffisamment informé des résultats attendus pour signer une décharge et commencer l'étude. Il est soutenu que si l'agent trompe le sujet en omettant des informations essentielles concernant l'étude, il est dans le meilleur intérêt de l'étude. Cependant, le sujet n'a pas été informé dès le départ. Le sujet ne doit pas participer à l'étude si son consentement n'a pas été donné pour l'étude réelle qui est en cours.

Quoi qu'il en soit, il existe des résultats intéressants lorsque les sujets sont trompés sur la nature de l'étude. Par exemple, concernant l'étude mentionnée ci-dessus (sur la tricherie), si les sujets avaient été informés de la véritable nature de l'étude, il est peu probable que beaucoup d'entre eux aient triché, car aucun d'eux ne voudrait être perçu comme corrompu ou malhonnête par les autres autour de lui.

La tromperie a permis aux chercheurs de voir ce qui se passerait dans une application réelle. De plus, si les sujets du test de mémoire mentionné précédemment dans ce livre avaient compris la véritable nature de l'étude, ils n'auraient pas écouté l'autorité et auraient administré les résultats qu'ils ont donnés.

Malgré les objections soulevées concernant l'utilisation de la tromperie dans une étude, son usage a permis aux chercheurs d'obtenir des résultats passionnants. Ces résultats n'auraient peut-être pas été possibles sans l'utilisation de la tromperie, étant donné que le sujet aurait pu répondre différemment à l'étude.

Approche

La psychologie pourrait être la principale raison pour laquelle l'ingénuité est utilisée dans la recherche, mais il existe également beaucoup d'ingénuité qui a émergé dans une approche moderne. Un mensonge est un événement courant dans l'approche. Par exemple, dans les méditations de Descartes publiées en 1641, le concept de *"Deus deception"* a été introduit; ce concept était quelque chose qui pouvait tromper l'ego lorsqu'il réfléchissait logiquement à ce qui se passait dans la réalité. Cette idée a ensuite été utilisée comme une partie de son doute hyperbolique; c'est là que le sujet commence à remettre en question tout ce qui lui est donné parce qu'il a été trompé dans le passé.

Fréquemment, les arguments théoriques utiliseront cette *"Deus deception"* comme point d'ancrage pour mettre en doute ou questionner la compréhension de la vérité que détient quelqu'un. La première partie de la discussion affirme que ce que le sujet comprend pourrait être erroné, car il est facile de tromper le sujet.

Ce n'est là qu'un des cas d'ingénuité que l'on trouve dans la philosophie. De nombreux travaux ont été rédigés sur ce sujet, tentant d'expliquer ce qu'il est, comment il affecte le sujet et les méthodes que le sujet peut utiliser pour éviter d'y être confronté. Il y a également eu de nombreuses études de recherche menées, tentant de comprendre quand l'ingénuité pourrait être bonne et quand elle pourrait être dangereuse. C'est un sujet de débat important; certains croient que tout mensonge est mauvais, tandis que d'autres considèrent que l'ingénuité pour préserver les sentiments de quelqu'un est parfois belle, comme lorsqu'un partenaire dissimule la vérité selon laquelle quelqu'un a dit quelque chose de faux au sujet de sa femme.

CHAPITRE SEPT

Les Domaines Clés de Nos Vies qui Nous Rendent Vulnérables à la Psychologie Noire

> *"Ceux qui cherchent l'amour finissent par manifester leur manque d'amour. Et ceux qui manquent d'amour ne trouvent jamais l'amour. Seuls ceux qui se soucient des autres trouvent l'amour. Et ils n'ont jamais besoin de le chercher."*
>
> -D. H. Lawrence

Maintenant que nous avons abordé la partie sombre de la psychologie noire, rapprochons-nous un peu de la réalité. Soyons honnêtes, car après avoir lu tout cela, vous vous dites probablement: *"Hé, ça ne s'applique pas à moi, je ne pourrais jamais être dans une telle situation"*. Certes, les chances que les choses deviennent aussi extrêmes sont plutôt minces. Mais ne commettez jamais l'erreur de penser que vous êtes à l'abri des pouvoirs de la psychologie noire. Son influence est bien plus proche de vous que vous ne le pensez. Le lieu le plus commun où les éléments de la psychologie noire se manifestent est dans nos relations amoureuses avec notre partenaire.

L'amour est un langage universel. C'est un sentiment primordial que nous aspirons tous à ressentir intuitivement. En tant qu'êtres humains, nous sommes faits pour l'amour. Nous voulons ressentir et profiter de l'amour. Personne n'est plus heureux qu'un homme ou une femme qui est amoureux et qui sait qu'il ou elle est aimé en retour.

Certaines personnes se lient d'amitié dans un but de procréation. D'autres sortent ensemble pour éviter la pression sociale. Certains se mettent même en couple pour favoriser des alliances entre des familles puissantes. Mais le facteur principal des relations, autrement dit, le fait de trouver un partenaire, c'est l'amour. Cela dit, il est facile que les choses dégénèrent au point où l'amour devient un atout dans une négociation de pouvoir sur l'autre personne. Et c'est ici que des éléments de la psychologie noire entrent en jeu.

Vous avez déjà entendu l'expression *"utilisez ce que vous avez pour obtenir ce dont vous avez besoin"*. Dans le monde des affaires, ce type de raisonnement est courant. Mais dans une relation, cela s'appelle de la manipulation. Explorons cet exemple: une femme sait que son partenaire la trouve séduisante et sexuellement attirante. Peut-être qu'il y a quelque chose qu'elle souhaite de lui depuis longtemps, mais il n'a pas montré de volonté de coopérer, malgré les longues discussions qu'ils ont eues. Supposons que ce qu'elle désire de lui est une contribution importante aux tâches ménagères.

Son obstination la pousse à trouver un moyen de le rendre plus disposé. Elle doit faire cela sans lui dire directement: *"Range le salon, sinon il n'y aura pas de sexe ce soir"*. Cela a été entendu dans certaines maisons et cela aurait des conséquences, surtout si l'on traite avec des personnes qui ont une aversion naturelle à recevoir des ordres, peu importe comment ils sont formulés. Elle décide donc de patienter. Elle profite de l'occasion lorsqu'elle le trouve en train de faire une tâche quelconque. Elle le complimente, lui disant combien elle le trouve attirant lorsqu'il fait [quoi qu'il fasse] et ensuite, elle satisfait ses désirs sexuels.

L'effet de cette stratégie est encore plus marqué s'il doit habituellement *"travailler"* pour la rendre ainsi excitée. Si elle fait cela de manière régulière, il capte inconsciemment le message que faire des tâches ménagères pourrait signifier avoir du sexe plus tard. Peu à peu, il devient prêt à accomplir les tâches qu'il aurait naturellement refusées en raison de la motivation sexuelle que sa partenaire lui offre.

Cette situation semble anodine. Mais si vous y réfléchissez, la psychologie noire a été utilisée ici. L'homme a été manipulé pour faire des choses, même si c'était de manière volontaire pour sa partenaire, juste pour du sexe. Elle a compris sa faiblesse et l'a exploitée pour obtenir ce qu'elle voulait. L'aspect positif est que dans ce cas, tout le monde est heureux. La femme obtient la contribution précieuse dont elle a besoin de son partenaire, et l'homme obtient le sexe qu'il désire avec la femme qu'il veut. Mais les choses ne sont pas toujours aussi avantageuses pour les deux parties lorsque la psychologie noire est impliquée. Cela peut devenir très sombre pour la victime.

Voyons un autre couple.

Je vais les appeler Dave et Maya. Dave et Maya ont des personnalités opposées. Dave est un homme calme, et Maya est une extrovertie pleine de vie avec beaucoup d'amis. En surface, on pourrait penser que leurs différences de caractère s'harmonisent parfaitement. Cela, jusqu'à ce que Dave ressente le besoin d'exercer plus de contrôle sur Maya. Cependant, il sait (probablement parce qu'il a déjà essayé) qu'il ne peut pas utiliser la force brute pour obtenir ce qu'il veut. Il commence donc un projet pour mettre Maya sous son emprise. Il commence par critiquer de petites choses à son sujet, comme ses choix vestimentaires, son maquillage, sa coiffure, et même fait des remarques sarcastiques sur son poids sous prétexte de l'aimer.

Cela commence à affecter sa confiance en elle, et lorsqu'elle parle de ses bons amis, il utilise des incidents mineurs pour appuyer et alimenter sa théorie sur une prétendue querelle entre eux [des choses comme *"ils sont jaloux de toi"* fonctionnent]. Ces petites graines de doute grandissent et forment un fossé qui éloigne Maya de ses amis. Sans bons amis et avec une faible estime de soi, grâce à sa nouvelle confiance en elle diminuée, elle est amenée à penser que Dave est la seule personne qui se soucie d'elle et qui l'accepte telle qu'elle est. Cela la pousse à vouloir faire tout ce qu'elle peut pour plaire à Dave, la mettant ainsi sous son contrôle et totalement à sa merci.

Dans les deux cas que j'ai utilisés comme illustration, nous voyons des exemples où les relations, qui sont censées concerner les deux partenaires, finissent par être un moyen pour un des deux de satisfaire ses désirs par manipulation et tromperie. Les deux relations ont commencé avec des objectifs raisonnables et, bien que le résultat du premier cas soit une situation acceptable pour les deux parties, dans le deuxième cas, c'est tout le contraire. La similitude ici est que toutes les victimes ont agi par amour pour leur partenaire. Cela montre donc que notre désir d'être aimé peut nous rendre vulnérables. Cela peut être contrôlé et exploité pour les bénéfices des autres.

Foi aveugle et croyances religieuses

"Si nous cherchons du réconfort dans les prisons du passé lointain, la sécurité dans les systèmes humains nous est toujours promise, toujours, comme si elle devait durer. Les émotions sont la voile et la foi aveugle est le mât; sans le souffle de la véritable liberté, nous n'allons nulle part rapidement"

- Sting

Je vais poser ceci et dire que la foi aveugle ne se réfère pas seulement à la croyance en un Dieu suprême ou une divinité supérieure. Certaines personnes choisissent de penser à la science. Peu importe la religion que vous pratiquez, il existe une réalité selon laquelle notre foi développe souvent une zone aveugle qui déforme la vérité, nous amenant à faire des choix que nous ne ferions pas si nous étions dans notre bon état d'esprit. Cependant, avant d'entrer dans le *"pourquoi"*, examinons le *"pourquoi"*.

Lorsque j'ai parlé de la vulnérabilité dans un chapitre précédent, j'ai dit que les dernières choses qui font de nous des êtres humains sont aussi celles qui nous rendent vulnérables et sujets aux machinations de la psychologie sombre. Pour certaines personnes, ces impacts apparaissent plus que pour d'autres. Nos croyances en des êtres divins précèdent même les premières civilisations. L'homme a toujours considéré son existence comme une petite portion dans le schéma universel des choses; c'est pourquoi nous pensons qu'il existe des forces plus grandes, plus élevées et divines. Ce genre de pensée avait du sens, car elle aidait nos esprits à faire face aux choses difficiles qui se produisent autour de nous, si vous examinez les choses de manière logique.

Vous voyez une belle fleur et admirez la manière dont quelque chose d'aussi élégant et délicat pourrait exister sans idée, sans modèle. Vous regardez l'immensité du ciel et vous vous demandez ce qui se cache au-delà.

Est-ce que cela continue indéfiniment?

Ou cela se termine-t-il simplement en un déclin vers une fin illimitée? Quand vous entendez le rugissement puissant d'une cascade ou les bruits de tonnerre qui font trembler la terre, même avec les progrès et la compréhension qui nous ont été apportés, nous tremblons encore de peur et d'admiration. À ce moment-là, vos options étaient de laisser la peur vous rendre fou, ou de rationaliser la situation en l'attribuant à un être souverain plus grand que vous. Quelques-uns des plus courageux ont choisi d'utiliser la science pour expliquer ces phénomènes.

En suivant cette même ligne de pensée, lorsque quelqu'un que nous aimons meurt, nous sommes confrontés à notre propre mortalité. Notre chagrin est intensifié par des préoccupations liées à la vie et à la mort. Le voyage se termine-t-il ici ou continue-t-il dans une autre vie? Cela a été une force motivante majeure derrière les systèmes de croyance d'aujourd'hui. La peur et la réflexion sur la vie après la mort ont poussé beaucoup de gens à faire les *"bons choix"* ici-bas, afin que lorsque la mort survienne, la vie qu'ils espèrent continuer après eux leur soit favorable. C'est notre manière de contrôler le résultat, pour ainsi dire, car le choix tel qu'il nous est présenté est tellement sombre. Certaines personnes exploitent notre peur de l'au-delà pour nous manipuler et obtenir ce qu'elles veulent.

Si nous tenons cette théorie de l'au-delà en si haute estime, vous pouvez imaginer comment nous traitons les personnes considérées comme les porte-paroles des divinités qui contrôlent l'au-delà. Les pasteurs, imams, rabbins et tous les autres types de leaders religieux sont tenus en grande vénération, et leurs paroles sont considérées comme des expressions de l'être divin en question. En règle générale, ces leaders spirituels sont censés utiliser des principes éthiquement solides dans leurs fonctions respectives et agir dans le meilleur intérêt de leurs membres. Ne serait-ce que pour promouvoir les principes de la foi qu'ils déclarent représenter. Cependant, ce n'est pas toujours le cas, comme nous l'avons reconnu. Beaucoup de leaders spirituels abusent de leurs fonctions et de leur influence en trompant leurs membres pour les amener à faire des choix qui ne servent que leurs intérêts égoïstes.

La tactique typique consiste à utiliser le nom du premier être divin pour déformer les mots tirés du livre sacré de la foi afin de leur faire dire de nouvelles choses qui prouvent l'histoire qu'ils sont en train d'inventer pour les aider à manipuler les gens efficacement. Beaucoup de gens ont été dupés, physiquement blessés, et même poussés à commettre des crimes horribles sous ce prétexte. Une autre approche que ces mauvais leaders utilisent consiste à prétendre avoir une vision ou une intuition spirituelle concernant un besoin particulier de la victime. Ils élaborent une histoire compliquée, un amalgame de mensonges entrecoupés de faits (généralement obtenus à l'insu de la victime ou d'un tiers), et l'objectif principal est d'extorquer de l'argent, des faveurs ou d'acquérir du pouvoir.

Certaines victimes sont persuadées de se séparer de plus d'argent qu'elles ne pourraient jamais espérer avoir. Dans de nombreux cas, des victimes jeunes et impressionnables sont amenées à vivre dans l'angoisse dans des situations semblables à des sectes occultes. Mais des situations comme celles-ci ne se limitent pas aux lieux spirituels.

Certaines personnes ne sont pas connectées à une religion, mais elles aiment se considérer comme spirituellement ouvertes. Ces personnes rencontrent des pseudos-psychiques et des médiums qui prétendent avoir une forte connexion avec l'au-delà. Encore une fois, notre attachement à la mort et nos préoccupations pour ce qui se passe après la mort brouillent nos jugements et nous laissent ouverts aux escrocs qui veulent contrôler la situation à leur avantage. Ils utilisent la même technique que les mauvais leaders religieux, en utilisant la tromperie et les mensonges pour manipuler leurs victimes. Les victimes choisissent une lecture psychique de dix minutes de leurs horoscopes et de leurs paumes, pour se retrouver entraînées pendant des années avec des promesses, des réalités modifiées et de faux espoirs, ce qui les amène à dépenser des milliers de dollars à la recherche de la *"réalité"* insaisissable.

Les personnes qui fondent leur croyance sur la science ne sont pas à l'abri des manipulations. Si vous croyez que parce que votre foi est ancrée dans la science vérifiable et factuelle, vous ne pouvez pas être influencé, détrompez-vous. Les gens se réfugient dans ce en quoi ils croient lorsqu'il y a une crise. Pour un croyant en la science, vous vous tournez naturellement vers la science. Il existe des cas où des personnes atteintes de maladies invalidantes recherchent des traitements non traditionnels dans l'espoir de survivre à la maladie.

Sachant que les meilleurs médicaments standards ont échoué, elles se tournent vers ces marginaux qui prétendent avoir la solution avec leurs médicaments expérimentaux et des traitements médicaux jamais réalisés auparavant. Malheureusement, ces traitements sont trop dangereux, trop chers et généralement non couverts par les assurances. Pourtant, la mince chance de survie vaut chaque centime, et c'est ce que les fraudeurs exploitent.

Et ce n'est pas seulement en période de crise. Vous avez des gens qui proposent des solutions idéales à un grand problème, comme la perte de poids, etc. Ils prétendent que leur dernier régime à la mode, leurs pilules magiques ou leur innovation peut nous transformer en utilisant des théories scientifiques qui n'ont pas été évaluées ni vérifiées. Beaucoup de gens croient en cette promesse de transformation basée sur des informations largement manipulées pour extorquer les victimes. La principale différence entre les leaders spirituels escrocs et ces marchands de fausse science est que, au lieu d'une divinité, ils utilisent la science pour arnaquer leurs victimes. Et malheureusement, la majorité des gens ne comprendront qu'une fois trop tard comment ils ont été influencés.

Ceux qui utilisent la psychologie sombre exploitent vos besoins les plus profonds et les manipulent lorsqu'il s'agit de croyances. Ils utilisent ce que vous tenez pour sacré pour contrôler votre processus de pensée. Et souvent, la sacralité de cette croyance n'a pas réellement d'importance. Tant que c'est essentiel pour vous, ils considèrent cela comme une vache à lait d'une certaine sorte. Lorsque cette personne traverse une crise, et il n'y a pas de meilleur moment pour exploiter quelqu'un, pour ainsi dire, que lors de votre crise, vous êtes dans votre moment de plus grande vulnérabilité, et vous êtes le plus susceptible d'être influencé par des gens, et certains manipuleront les choses pour leur propre bénéfice.

Conditionnement social

"Là où la justice est niée, où la pauvreté est imposée, où l'ignorance prédomine et où une classe quelconque est amenée à se sentir que la société est une conspiration organisée pour les opprimer, les dépouiller et les dégrader, ni les personnes ni les biens ne seront en sécurité."

- Frederick Douglas

Lors d'un séminaire pendant mes années d'école, j'ai entendu un débat où quelqu'un affirmait avec véhémence que nous sommes le produit de notre société. Parce que j'ai eu la chance de connaître de nombreuses personnes qui ont défié leur communauté et se sont distinguées en accomplissant des tâches remarquables, j'ai eu envie de contester cette affirmation sur-le-champ. En vieillissant et en vivant davantage d'expériences, il m'est apparu que ces individus étaient des *"exceptionnels"*. Il est indéniable que la société dans laquelle nous vivons joue un rôle significatif, nous façonnant de bien des façons, souvent insoupçonnées. La triste vérité est que notre manière de penser, de vivre et de travailler est fortement influencée par notre société, et ce sont précisément ces influences que la psychologie obscure exploite.

Le conditionnement social fait référence à l'impact que la société a sur votre vie dans son ensemble. Bien que le conditionnement social se concentre souvent sur votre statut social en termes de revenus, de conditions de vie, etc., son influence peut aller bien plus loin. Votre société peut influencer vos croyances et même vos croyances religieuses. Vous n'êtes peut-être pas un adepte direct de ces croyances, mais elles vous affectent indirectement. Dans certaines cultures, certains jours sont considérés comme sacrés, ce qui signifie que travailler ces jours-là pourrait être perçu comme une offense. Cependant, puisque nous avons déjà discuté de la religion dans le chapitre précédent, examinons d'autres aspects du conditionnement social qui peuvent être facilement influencés par la psychologie obscure.

Il existe une idée reçue fondamentale selon laquelle faire partie d'une société avancée vous rend résistant aux impacts de la culture. Et je comprends ce raisonnement. Comment quelque chose d'aussi absurde que la culture pourrait-elle influencer une société qui a vu naître des esprits comme Albert Einstein ou Neil Armstrong? Eh bien, vous vous trompez. En réalité, vous êtes encore plus vulnérable, et je vais vous expliquer pourquoi.

Le plus grand progrès de notre société aujourd'hui réside dans le domaine de l'innovation. Nous vivons dans un monde où tout se fait en un clin d'œil. Les transactions financières sont effectuées d'une simple pression sur un bouton. Un entrepreneur peut conclure un accord avec la Chine, motiver son équipe en Amérique du Sud, discuter avec son partenaire d'une crise familiale et présenter un argumentaire de vente impressionnant à Dubaï avant même que la matinée ne soit terminée, tout cela en appuyant sur quelques boutons. Voilà le monde dans lequel nous vivons aujourd'hui. Si vous élaborez une stratégie commerciale à cette époque, vos produits et services doivent suivre le rythme auquel nous sommes tous habitués, sinon vous vous exposez à l'échec. Et c'est une bonne chose. Car je suis presque sûr que personne ne regrette l'époque où il fallait un mois entier pour recevoir un courrier ou trois bouffées de fumée noire dans le ciel pour savoir que votre bien-aimé(e) vous rendait votre affection. Non. Nous apprécions la rapidité avec laquelle les choses se font aujourd'hui.

Malheureusement, cette vitesse qui définit nos vies quotidiennes nous rend vulnérables à des plans rapides et coûteux. Nous entendons toutes ces histoires incroyables de personnes devenues millionnaires du jour au lendemain, et à un niveau subconscient, nous voulons la même chose. Certaines personnes ont exploité ces désirs à leur avantage avec ce que nous appelons aujourd'hui des systèmes de Ponzi. Nommé d'après le tristement célèbre Charles Ponzi, un système de Ponzi est une méthode diabolique de vol à visage découvert avec le consentement total de la victime. L'escroc crée une entreprise fictive qui promet des rendements élevés sur investissement. Après que la victime ait fait un premier engagement, elle est récompensée par des *"retours"*, ce qui l'attire davantage dans le piège tendu par les auteurs, l'incitant à investir davantage. Pour maximiser ses profits, la victime est manipulée pour amener d'autres amis à investir. Plus elle amène d'amis, plus ses retours augmentent. Cela crée une pyramide d'investisseurs, tous investissant dans cette entreprise qui n'existe pas. En réalité, ce que les fraudeurs font, c'est voler Pierre pour payer Paul. Et ils se paient eux-mêmes aussi. Cela continue jusqu'au jour où l'entreprise disparaît purement et simplement, laissant de nombreuses victimes sans leur investissement initial ni les intérêts promis.

La seule explication sensée que l'on puisse donner à une telle situation, où une entreprise avec peu ou pas de documentation officielle parvient à escroquer des personnes généralement intelligentes dans leurs affaires, est le conditionnement social. Cela s'est produit dans les années 1800, dans les années 1900, et cela continue encore aujourd'hui. Et malgré la connaissance de son existence, les gens continuent de tomber dans ces pièges. C'est comme si nous étions simplement programmés pour le faire. Et ce n'est pas limité à une classe spécifique de personnes. Les riches comme les pauvres y succombent. Cela montre que les criminels exploitent quelque chose que ces deux classes de personnes ont en commun: le désir de gagner plus d'argent, et rapidement.

Cela ne s'arrête pas là. Pour commettre ce crime avec succès, ils comptent sur notre sens de la communauté. Vous êtes plus susceptible de faire confiance aux services ou produits d'une entreprise si cela vous est recommandé par une personne de confiance plutôt que par un inconnu. Si votre sœur vous dit qu'elle a gagné X euros grâce à un investissement et qu'elle vous en montre la preuve, intuitivement, votre confiance vous pousse à baser votre décision presque entièrement sur sa recommandation. Et lorsque vous recevez votre paiement, vous devenez automatiquement un ambassadeur pour cette marque. Cela vous pousse à partager l'information avec d'autres personnes dans votre réseau, et le cycle continue. Ce comportement est très humain, et de nombreux manipulateurs en profitent. Dès qu'ils obtiennent ce dont ils ont besoin, ils disparaissent ou sont emportés par leur cupidité et finissent par être arrêtés.

Vous pourriez argumenter que cela ne vous arrivera pas parce que vous êtes simplement trop intelligent pour cela. Alors, laissez-moi rapprocher cela de vous en utilisant une technologie que nous utilisons du soir au matin: les réseaux sociaux.

Les réseaux sociaux sont la mode de notre époque. Des gens sont devenus des *"phénomènes du jour au lendemain"* grâce à des plateformes comme YouTube, Instagram, Twitter, et Facebook, entre autres. Cela nous a incités à nourrir des rêves similaires. Mais jusqu'à ce que cela arrive, nous recherchons des likes et des commentaires. Le problème, c'est que notre désir naturel de connecter avec les autres peut devenir obsessionnel si l'accent est mis sur nos relations virtuelles. Cela engendre un processus de pensée erroné où le sentiment de réussite est directement lié au nombre de likes, de followers, et de commentaires que l'on reçoit.

Ceux qui adoptent cette mentalité cessent de prêter attention à leurs véritables relations dans la vie réelle. À la place, ils mènent des vies fausses et pompeuses pour obtenir une validation qui, de manière malheureuse, confirme leurs existences quotidiennes. Dans leur quête d'importance, ils se privent émotionnellement et se soumettent aux opinions non sollicitées, et parfois cruelles, des autres. Ce type de comportement a été lié à l'augmentation des comportements autodestructeurs chez les utilisateurs de réseaux sociaux. Ironiquement, les réseaux sociaux, conçus pour nous connecter avec les autres et élargir nos réseaux, ont brisé de nombreuses personnes à cause de leurs effets sombres.

Ambition et aspirations personnelles

"Une aspiration élevée est la passion d'un grand caractère. Ceux qui en sont dotés peuvent accomplir des actes extrêmement mauvais ou bons. Tout dépend des principes qui les guident."

- Napoleon Bonaparte

Nous avons tous une liste de tâches à accomplir. Souvent, cette liste se résume à un ensemble de tâches conçues pour nous aider à traverser la journée. Parfois, cependant, elle sert de feuille de route pour atteindre nos objectifs dans un avenir proche.

Exemple: votre liste de courses vous aide à tenir la journée parce qu'elle vous permet d'obtenir ce dont vous avez besoin pour préparer le dîner, ainsi que les produits de première nécessité qui vous aident à mieux interagir avec la société (le bon vieux savon de bain régulier éloigne les mauvaises odeurs, et la société vous en remercie).

Rédigez-vous une stratégie d'organisation pour votre start-up? C'est un tout autre terrain de jeu. Vous cherchez à vous préparer financièrement pour l'avenir et, possiblement, à offrir un produit ou un service qui améliore positivement la vie des gens. Dans le langage d'aujourd'hui, on appelle cela *"des mouvements de patron"*. L'aspiration est ce qui vous pousse vers ces objectifs que vous vous êtes fixés.

Désirez-vous quelque chose? Vous vous poussez à l'obtenir, et pour les plus enthousiastes, une fois leurs objectifs atteints, ils se poussent encore plus loin.

L'aspiration est une qualité attirante chez tout être humain.

L'objectif de devenir meilleur que ce que l'on est actuellement, de s'améliorer constamment, nous met aux commandes de notre propre vie; personne ne veut être avec quelqu'un qui se contente de rester assis sur le canapé toute la journée, à manger des chips et regarder la télévision. Les gens veulent être avec quelqu'un qui est enthousiaste à l'idée d'un avenir brillant qu'il imagine pour lui-même et qui travaille méthodiquement pour l'accomplir.

Aussi attrayante que soit l'aspiration, lorsqu'elle est mise en surrégime, elle peut attirer les mauvaises personnes dans votre vie, car elle vous laisse ouvert et vulnérable. Cela peut sembler contradictoire, car les personnes ambitieuses ne sont généralement pas considérées comme sensibles. Cependant, comme vous le découvrirez dans ce livre, ce que vous laissez vous consommer finit par vous contrôler, et lorsque vous perdez le contrôle, vous devenez vulnérable.

Dans les chapitres précédents, j'ai évoqué la manière dont les prédateurs exploitent les faiblesses de leurs victimes. En gardant cela à l'esprit, vous conviendrez que l'aspiration est une qualité admirable chez une personne. En tant que force, elle peut vous aider à tracer votre chemin vers le succès. Mais en tant que faiblesse, elle peut très vite devenir la cause de votre destruction.

L'ambition est plus concrète dans ses désirs, tandis que les aspirations sont ces notions honorables que nous nourrissons pour nous sentir mieux dans notre peau. Pris isolément, ni l'ambition ni les aspirations ne doivent vous nuire, mais lorsque d'autres éléments entrent en jeu, ils peuvent être utilisés pour vous contrôler et vous tromper.

De nombreuses entreprises considèrent l'ambition comme l'une des qualités supérieures d'un employé potentiel. Et cela s'explique par le fait que les personnes ambitieuses sont plus enclines à faire ce qui doit être fait pour faire progresser l'entreprise que leurs homologues plus dociles en apparence. Ces personnes sont incroyablement concentrées et ont une vision à sens unique lorsqu'il s'agit de remplir leurs obligations, souvent sans réfléchir à ce que cela pourrait impliquer, même si cela signifie marcher sur les pieds de certains collègues.

Une personne qui ne maîtrise pas son ambition peut être convaincue et manipulée pour faire des choses qui sont moralement et éthiquement incorrectes afin de satisfaire ses objectifs. Ce sont les personnes ayant des aspirations élevées et des objectifs ambitieux qui sont les plus susceptibles de tomber dans des techniques manipulatrices, comme le chantage.

Par exemple, un jeune homme professionnel avec un dossier impeccable et un poste élevé dans une entreprise est plus susceptible de tout faire pour maintenir ce statu quo s'il est ambitieux. Même si les actes qu'on lui demande de commettre pourraient ternir davantage sa crédibilité si la connaissance de ces actes venait à être révélée.

Cela ne signifie pas que le reste des gens est moins susceptible de devenir victime de chantage ou d'autres formes de manipulation. Le contrôle ne consiste pas à brandir physiquement une hache dangereuse au-dessus d'une personne pour la forcer à faire quelque chose qu'elle ne ferait normalement pas. C'est un jeu de subterfuge et de tromperie.

Le manipulateur agit comme un miroir qui capte les désirs, les aspirations et les ambitions de la victime, puis menace la réalisation de cette vision en exposant sa faiblesse.

Les victimes en viennent à croire à tort que leur seul espoir de restaurer leurs rêves est de se conformer aux idées du manipulateur. Plus l'ambition est forte, plus la victime est susceptible de se conformer, surtout si elle est convaincue qu'elle peut s'en sortir sans conséquences.

Les actes qu'elles pourraient être manipulées à commettre peuvent aller de l'affaiblissement d'une figure d'autorité dans leur vie, à commettre un acte offensant, ou tout autre chose que le manipulateur pourrait avoir en tête.

Revenons à des proportions plus accessibles. Dans toutes nos relations avec les gens, il y a un processus de confiance. Peu importe votre degré de paranoïa, même la relation que vous avez avec votre tailleur implique un certain niveau de confiance, car vous lui faites confiance pour vous aider à vous habiller sans vous blesser dans le processus.

Autant il y a de la confiance, autant il y a de la méfiance. Mais nous nous efforçons de surmonter ces sentiments dans l'espoir de préserver le lien entre les personnes concernées.

Au mieux, nous souhaitons maintenir une civilité avec ceux qui nous entourent. Un prédateur aux intentions destructrices peut exploiter cette méfiance en semant des graines de discorde pour obtenir les résultats qu'il désire, ce qui pourrait être votre engagement ou celui de votre homologue, voire les deux.

De petits incidents sont amplifiés, et de faibles tensions sont exagérées dans le processus. Finalement, la relation est irrémédiablement brisée. Les accusations vous blessent d'un côté, et les contre-accusations blessent votre pair. Aucun de vous ne se rend compte qu'une troisième partie a tiré profit des aspirations émotionnelles que vous aviez l'un pour l'autre (oui, cela existe) et vous a manipulés pour en arriver à cet état.

Tout cela pour dire que nos aspirations ne concernent pas toujours les choses matérielles que nous désirons. Elles se reflètent aussi dans nos perceptions et nos attentes vis-à-vis des relations dans nos vies. La psychologie noire est utilisée par les prédateurs parmi nous pour altérer cette perception et la manipuler à leur avantage.

Cicatrices psychologiques

"On dit souvent que "le temps guérit toutes les blessures."
Je ne suis pas d'accord. Les blessures restent.
Avec le temps, l'esprit, pour protéger sa santé mentale, les recouvre de tissu cicatriciel, et la douleur s'atténue, mais elle ne disparaît jamais vraiment."

- Rose Fitzgerald Kennedy

L'un des résultats résiduels les plus importants de chaque expérience que nous vivons est les émotions. On dit que dans la vie, l'expérience est le meilleur enseignant. Permettez-moi de partager l'une de mes expériences les plus mémorables lors de mes voyages récents.

Lorsqu'il y avait des rires constants ou des préoccupations explicitement dirigées vers moi, mon traducteur intervenait parfois, mais pour beaucoup de moments, je me contentais d'observer. Et c'est alors que j'ai vu ce petit enfant, qui n'avait pas plus de huit ou neuf mois, je crois.

Je ne peux pas vous dire à cet âge, mais l'enfant rampait vers le feu. J'ai jeté un coup d'œil autour du feu, mais personne ne semblait prêter attention. J'ai donc décidé de me déplacer pour intercepter l'enfant; cependant, j'ai immédiatement été réprimandé.

L'interprète m'a dit que l'enfant était sur le point d'apprendre une leçon précieuse. J'étais préoccupé. Le foyer n'était pas brûlant, mais certains morceaux de bois étaient encore en feu, et des braises étaient éparpillées, encore rouges. Cela m'a interpellé.

L'enfant, intéressé par les petites flammes, rampait davantage puis s'arrêta. Peut-être que la chaleur du feu lui avait fait faire une pause. Mais, ensuite, le courageux petit décida de continuer et d'affronter la chaleur. Il s'arrêta à une distance sûre puis tendit sa main vers la flamme, qu'il retira rapidement. Son visage affichait une expression choquée, et je pouvais voir sa lèvre inférieure trembler. J'avais envie d'aller vers lui; cependant, l'homme à côté de moi avait dû remarquer mes intentions, car il me fit signe d'attendre. L'expression du petit passa de la douleur à la confusion. C'était comme s'il parlait télépathiquement à la flamme, lui demandant pourquoi elle lui faisait mal. Il tenta à nouveau d'utiliser sa main, et cette fois, il pleura. Les hommes rirent et applaudissent. Une femme, probablement sa mère, qui devait se tenir très près, s'approcha rapidement et l'emporta.

Cela s'appelle l'expérience. Il continua en me rassurant qu'aucun mal ne serait fait à l'enfant; mais j'ai le sentiment que sa définition du danger est bien différente de ce que je l'imaginais. Il existe des leçons de vie que seule l'expérience peut vous enseigner, et chaque rencontre laisse une cicatrice émotionnelle.

Il existe des expériences particulières dans la vie qui provoqueraient immédiatement chez nous une réaction du type *"plus jamais"*. Ce que j'ai décrit ici est la réponse du corps à la peur; cependant, l'inquiétude n'est pas la seule émotion qui peut être déclenchée par nos expériences. Il existe un éventail d'émotions allant de la colère à la ferveur qui peuvent être déclenchées par une expérience.

Une femme amoureuse mémorise le parfum de son bien-aimé. Et chaque fois qu'elle sent ce parfum, son humeur change. Parfois, cela provoque du plaisir, et à certaines occasions, cela peut déclencher le désir. Si cette relation se termine, les parfums peuvent provoquer de la tristesse ou de la colère, selon la gravité de la rupture. Ce que je veux dire, c'est que les émotions font partie de l'expérience humaine. Nous agissons d'une manière particulière lorsque nous ressentons quelque chose de spécifique. Des événements individuels peuvent déclencher des émotions qui nous amènent à réagir de manière inhabituelle. Mon expérience de presque noyade lorsque j'étais adolescent me fait m'inquiéter chaque fois que je ferme les yeux sous une douche. Ces réactions sont déclenchées par les cicatrices émotionnelles que nous portons. Maintenant, permettez-moi de discuter de la science derrière tout cela.

Lorsqu'un événement se produit, qu'il soit bon ou mauvais, votre cerveau l'associe à une émotion spécifique. Si vous avez vécu cela, cela expliquerait pourquoi quelque chose d'aussi simple que l'odeur du pain fraîchement cuit peut vous transporter en enfance. (De nombreuses entreprises de marketing et agences publicitaires utilisent cette connaissance dans leurs stratégies marketing. Elles tentent d'associer leur produit à des expériences, des événements ou des éléments qu'elles savent attirer chez vous ou d'autres personnes comme vous (leur démographie cible). Subconsciemment, votre cerveau associe ces activités ou expériences à leurs services ou produits. Pour vendre un barbecue, ils ne viennent pas et disent *"Hé, voici notre incroyable barbecue. Achetez-le"*. Au lieu de cela, ils vous nourrissent d'images d'un barbecue familial amusant lors du 4 juillet.

Vous verrez des enfants courir joyeusement, des grands-parents souriants parler à un parent et des adolescents faire quelque chose de cool. Le tout parsemé d'une belle pièce de viande qui mijote sur le gril. C'est comme s'ils disaient: si vous achetez ce barbecue, vous achetez également cette expérience. En d'autres termes, vous êtes esthétiquement manipulé pour acheter.

Ce n'est pas nécessairement malveillant en soi. Les gens que nous rencontrons dans notre vie quotidienne peuvent exploiter cette faiblesse. Si vous êtes facilement déclenché émotionnellement, vous pouvez être manipulé pour prendre des décisions hâtives, allant d'un achat impulsif à céder à des personnes sur la base de principes psychologiques seuls. Les gens peuvent se déguiser et se faire passer pour ce qu'ils ne sont pas. Ils portent des vêtements et des parfums qui les font paraître riches, et parce que vous avez une connexion psychologique avec la richesse, vous ignorez les autres signaux d'alerte et prenez une décision regrettable. Qu'elle soit bonne ou mauvaise, vos cicatrices psychologiques peuvent vous rendre vulnérable à la tromperie et à l'ajustement.

CHAPITRE HUIT
Comment se Libérer et Accepter que Vous Avez un Problème

"Souvent, il ne s'agit pas de devenir une toute nouvelle personne, mais de devenir la personne que vous étiez destiné à être et que vous êtes déjà, mais que vous ne savez pas comment être."

- Heath L. Buckmaster

Souvent, nous restons plus concentrés sur le point de vue des autres, sur la façon dont le monde nous voit ou sur la façon dont nous voulons que le monde nous voie. Le mode de vie de cette époque actuelle a son slogan: «fais semblant jusqu'à ce que tu réussisses». Ce genre d'approche de la vie nous amène à entretenir une relation détendue et rapide avec la vérité. Nous sommes tellement pris dans la fabrication de notre image que nous ne sommes même plus capables de gérer ce masque, même lorsque nous sommes seuls avec nous-mêmes. Ce type d'autodéception peut s'enraciner profondément dans nos vies et nous réveiller un jour dans une situation qui va à l'encontre de cette fausse vérité que nous avons tant travaillé à protéger, ce qui nous choque jusqu'au fond de notre être. Si nous sommes honnêtes, nous ne sommes pas constamment pris au dépourvu par les mensonges qu'on nous dit. À un certain niveau, nous savons. Ce qui nous prend au dépourvu, c'est à quel point cela nous blesse. Et c'est cette douleur qui nous pousse à éviter le problème dès le départ. Pour nous libérer, la première étape est de confronter la situation et de briser toute illusion. Vous ne pouvez pas avancer si vous ne brisez pas les perceptions qui vous entourent. Armez-vous de la connaissance que vous avez un choix. Faites le choix conscient de voir les choses telles qu'elles sont. Cette offre qui semble trop belle pour être vraie pourrait bien l'être.

Ensuite, faites confiance à votre instinct. Il y a des moments où un mensonge a été si habilement construit qu'il semble être vrai. Dans de tels moments, il est facile de rejeter ces sentiments et de suivre ce qu'on nous dit. Ce sont des petites situations qui ne mènent pas forcément à de grands résultats. Cependant, cela renforce votre confiance en vos instincts pour que, lorsque des situations de réelle importance se présenteront, vous puissiez discerner ce que vos désirs vous disent et agir en conséquence. Si vous vous trouvez actuellement dans une situation et que vous n'avez pas le temps de développer votre capacité à faire confiance à vos instincts, ne perdez pas espoir. Dans cette situation, vous devez simplement vous en sortir.

Cette question vous amène à l'étape suivante. Posez les bonnes questions. Commencez par vous-même. Essayez de comprendre pourquoi vous vous sentez comme vous le faites. Examinez votre situation actuelle, identifiez pourquoi vous n'êtes plus satisfait de ce que vous ressentez. Demandez-vous pourquoi vous vous sentez ainsi et voyez si vous pouvez être plus précis sur vos émotions. J'ai dit que les émotions nous rendent vulnérables; cependant, elles peuvent aussi servir de guide lorsque vous vous sentez perdu. Lorsque vous n'êtes pas en mesure de trouver les réponses que vous cherchez, regardez à l'extérieur de vous. Chercher à l'extérieur de vous ne signifie pas nécessairement que vous devez confronter le prédateur, bien que cela puisse finir par en arriver là. Je ne recommande pas de prendre la voie directe immédiatement, car cela donnerait au fautif l'occasion de se défendre et pourrait embrouiller votre jugement et ne pas vous donner les résultats souhaités. Cela pourrait également lui faire comprendre que vous êtes sur la bonne voie. Cela pourrait déclencher sa réaction de fuite ou de lutte. Au lieu de cela, entourez-vous de personnes en qui vous avez confiance. Étant donné que vous essayez actuellement de naviguer dans une situation qui implique une rupture de confiance, il peut être difficile de choisir à qui faire confiance soudainement. Si vous êtes préoccupé par cela, allez vers quelqu'un qui a peu ou pas d'enjeu personnel dans l'affaire. Quelqu'un qui n'est pas directement lié à vous ou à la personne concernée sera probablement plus sincère.

Lorsque vous posez les questions, l'étape suivante consiste à écouter les réponses. Cela peut sembler un peu surprenant car, évidemment, vous allez écouter les réponses. La réalité, c'est que notre autodéception peut nous amener à être sélectifs quant aux réponses que nous recevons. Nous nous disons que nous écoutons, mais nous écoutons seulement les réponses que nous voulons entendre, plutôt que celles que nous obtenons réellement. Vous avez peut-être brisé les illusions autour de vous, mais il y a encore une partie de vous qui s'accroche au confort que ces illusions apportaient. L'inconfort de remettre en question la réalité de la situation vous empêchera d'entendre les véritables réponses aux questions que vous avez posées.

Écouter réellement nécessite une forme de détachement, mais pas cette fois de la vérité. Vous devez vous détacher de vos émotions. Votre détachement de vos émotions vous conduira à l'étape suivante, qui est de traiter les nouvelles informations de manière logique. Agir de manière illogique peut compliquer les situations plus qu'elles ne le sont déjà. Laisser toutes les émotions bouillir et remonter à la surface rendra votre sortie d'autant plus difficile. Lorsqu'on fait face à la réalité, ce qui peut tout simplement entraîner la catastrophe, la partie illogique de vous-même intervient. Votre colère, qui est pleinement justifiée, peut vous pousser à agir pour calmer vos émotions à court terme. Mais à long terme, vous pourriez regretter ces actions. Je ne dis pas que vous devez rejeter vos émotions; je dis que vous ne devez pas agir sur la base de ces émotions. Gérez d'abord la situation, puis vos émotions plus tard.

Agissez rapidement

"C'est l'action, pas le fruit du travail, qui est nécessaire.
Vous devez faire ce qui est juste.
Il se peut que ce ne soit pas en votre pouvoir, ni dans vos délais, que des fruits apparaissent.
Cela ne signifie pas que vous devez arrêter de faire ce qui est le mieux.
Il se peut que vous ne sachiez pas quels résultats ont découlé de votre action.
Si vous ne faites rien, il n'y aura aucun résultat."

- Mahatma Gandhi

Vous avez confronté la réalité de votre situation, et c'est la partie la plus difficile. Vous ne pouvez pas espérer que la situation disparaisse d'elle-même. Quelque chose d'aussi simple que de notifier un ami proche de la réalité de la situation peut déclencher une série d'événements qui, en fin de compte, vous libéreront.

Après avoir pris la décision d'agir, vous devez comprendre que le tissu de l'illusion est fait d'un matériau plus dur que le verre. Lorsque vos émotions sont à leur apogée, l'illusion peut revenir dans votre cœur en utilisant des morceaux de vos émotions pour la réparer.

La personne qu'ils utilisent ne restera probablement pas de leur côté. Ils sont probablement simplement manipulés pour faire ce qu'ils font. Les menteurs n'ont aucun problème à utiliser des amis, la famille et même des leaders religieux pour obtenir ce qu'ils veulent. Vous devez défendre le choix que vous avez fait et décider de le mener à bien.

Lorsque la tactique de manipulation par d'autres personnes cesse de fonctionner, la prochaine chose qu'ils font est de recourir à leur vieille méthode, qui est de s'accrocher à vos émotions. Dans les situations de divorce, les conjoints utilisent les problèmes émotionnels de l'autre pour manipuler les enfants et les faire souffrir. Des menaces comme *"si tu pars, tu ne verras plus jamais les enfants"* sont utilisées. Dans les affaires de service, il y a généralement un danger implicite de couper l'autre personne sans paiement. C'est un effort désespéré de la part du manipulateur pour essayer de contrôler sa victime. Ils savent que leurs charmes ne fonctionnent plus et, sentant leur contrôle menacé, ils utilisent des jeux de pouvoir pour essayer de prendre le dessus. Les jeux de pouvoir incluent généralement des formes de chantage, allant de petites choses à des secrets profonds qui leur ont été révélés lorsque la relation était bonne. Le chantageur peut vouloir obtenir des paiements financiers, tirer plus d'avantages dans l'accord de séparation, et pour les personnes plus sinistres, ils veulent simplement du contrôle.

À ce moment-là, leurs actions peuvent vous acculer, vous poussant à vouloir réagir. Je vous déconseille fortement de le faire. Si vous voulez sortir de cette situation indemne, vous aurez besoin à la fois de votre logique et de vos instincts. Bien que la réalité de la situation soit que lorsque vous découvrez que vous avez été constamment menti, vous finissez par être mentalement marqué, la question de sortir indemne devient secondaire. Il faut privilégier la voie qui vous permet de vous éloigner de cette situation nuisible sans vous endommager davantage. Mentalement, vous êtes déboussolé. La rage, la déception, la douleur et la colère ne sont que la partie émergée de l'iceberg. Mais vous devez penser de manière réaliste. Gardez la tête hors de l'eau et soyez vigilant.

On dit qu'un animal est plus dangereux lorsqu'il se sent acculé. Pour un homme, c'est pire. Lorsqu'une personne a été prise dans la toile de mensonges qu'elle a elle-même tissée, elle veut tout faire pour se protéger. Alors, leurs impulsions égoïstes pour se protéger se déclenchent à plein régime, et ils sont prêts à tout pour éviter de faire face aux conséquences de leurs actions. Comme avec la nature humaine, il est impossible de prévoir jusqu'où ils sont prêts à aller pour éviter cela. Plutôt que de leur agiter votre plan pour les traduire en justice sous le nez, votre priorité devrait être de vous assurer que vous êtes en sécurité. Je recommande une séparation physique, même si elle est temporaire, de la personne que vous pensez vous manipuler, si cela est possible. Cela vous donne non seulement de l'espace pour réfléchir clairement, mais cela peut aussi aider à affaiblir leur emprise sur vous. Si la personne est dans son environnement, cela peut vous rendre plus vulnérable à de nouvelles manipulations, car rester à proximité permet à la manipulation de continuer.

Ne tombez pas dans le piège, car cela pourrait être une autre manœuvre et un autre acte pour vous contrôler et vous faire prendre des mesures moins extrêmes qui pourraient ne pas être utiles. Si vous sentez votre détermination faiblir, sortez.

Obtenez de l'aide rapidement

"La meilleure façon de ne pas se sentir désespéré est de se lever et de faire quelque chose.
Ne attends pas que les avantages viennent à toi.
Si tu sors et crées de bonnes idées, tu rempliras le monde d'espoir, et tu te rempliras d'espoir."
- Barack Obama

Lorsque vous vous trouvez piégé par les ajustements des autres, l'une des émotions que vous ressentirez est la confusion. Cela contribue à obscurcir votre réflexion cognitive, vous laissant avec un sentiment de vulnérabilité. À ce moment-là, vous vous demandez peut-être même ce que vous êtes en train de faire. Cela entraînera un rejet si vous continuez à nourrir ces doutes. Vous voudrez probablement conclure que vous avez mal compris toute la situation. Ce sera comme si vous étiez arrivé à une mauvaise conclusion en interprétant certaines choses de manière erronée. Ce type de réflexion vous ramènerait directement dans les bras du manipulateur. Résistez à l'envie de céder en demandant un deuxième avis. Dans une crise de santé, les gens consultent un autre médecin pour obtenir un deuxième avis. Cela permet d'éliminer tout doute que vous pourriez avoir sur le premier diagnostic médical et de vérifier le meilleur traitement pour vous. De la même manière, obtenir l'avis d'une autre personne peut vous aider à discerner la réalité de la situation et ce que vos prochaines actions pourraient être. Gardez à l'esprit qu'il est bien mieux de consulter quelqu'un qui a prouvé à maintes reprises qu'il est là pour vous aider.

Maintenant que vous avez la confirmation dont vous avez besoin, ne tentez pas d'affronter le problème seul. La situation peut être quelque chose que vous ne voulez que vous seul sachiez. Votre préoccupation est maintenant de sortir de la situation et de la surmonter assez longtemps pour prospérer, sans avoir la moindre idée de ce qu'il vous faudrait pour marcher dans vos chaussures. Cherchez de l'aide et soyez prêt à l'accepter si vous avez besoin d'un coup de main supplémentaire. Par tous les moyens, faites-le si vous pouvez gérer la situation vous-même. Assurez-vous simplement qu'à chaque décision que vous prenez, l'objectif est de vous en sortir et non de vous enliser dans les conditions des autres. Vous méritez plus que cela.

Si l'agresseur existe dans le monde virtuel, vous devrez impliquer la police et les autorités compétentes, surtout si la personne vous a trompé pour votre argent. Cherchez des indices sur la véritable personnalité de la personne dans les conversations que vous avez eues, et ne confrontez-la que lorsque vous êtes équipé de preuves suffisantes. Bien sûr, avec les autorités incluses, vous les ferez finalement. Cela pourrait prendre plus de temps que d'habitude si vous vous êtes préparé patiemment avant de faire la confrontation.

Si vous craignez pour votre vie d'une manière quelconque, ne confrontez pas cette personne seul. Informez les personnes qui tiennent à vous et assurez-vous qu'il y a au moins quelqu'un de présent pendant cette rencontre.

Si vous êtes dans une situation abusive, voici ce que je vous conseille de faire:

1. Contactez une organisation régionale qui aide les victimes de violences dans votre région. C'est probablement la meilleure et la plus importante démarche à entreprendre, car elles disposent de professionnels qui sont là pour vous aider et vous conseiller sur votre prochain plan.
2. Partez dès que vous le pouvez. N'attendez pas le grand moment, la meilleure opportunité ou un événement important. Lorsque l'occasion se présente, saisissez-la et utilisez-la. Gérez les conséquences plus tard. Et si la possibilité ne se présente pas, élaborez un plan de sécurité pour fuir. Faites tout ce que vous pouvez pour rester en vie, et dès que le moment se présente, saisissez-le.

Après avoir confronté le coupable et pris les mesures nécessaires pour sortir de la situation, vous devez commencer le processus de guérison sans délai. Peu importe l'ampleur et la gravité avec lesquelles vous avez été blessé, contrôlé ou abusé. Vous devez aller au-delà de cela et attendre un certain temps. *"Guérir"*, vos blessures ont besoin de plus que de se reposer sur votre canapé et de revivre le passé. Le temps vous donnera une distance adéquate par rapport à votre expérience, mais si vous avez appris quelque chose de ce livre, c'est que les cicatrices psychologiques ne guérissent dans la plupart des cas jamais. Si vous ne faites rien à ce sujet, une croûte malsaine pourrait se former sur la blessure, vous laissant aussi vulnérable, si ce n'est plus, que lorsque vous viviez l'expérience. Parlez à un conseiller, suivez une thérapie, quoi que vous choisissiez de faire, jouez un rôle actif dans le processus de guérison. Cela ne se fera pas du jour au lendemain; cependant, vous pouvez être sûr qu'à chaque jour et à chaque action que vous entreprenez en thérapie, vous vous rapprochez de l'amélioration.

CHAPITRE NEUF

Lavages de Cerveau

Certains qui croient au pouvoir du lavage de cerveau pensent que les personnes autour d'eux essaient de contrôler leur esprit et leurs habitudes. Pour la plupart, le processus de persuasion se déroule de manière beaucoup plus subtile. Il n'implique pas les pratiques sinistres que beaucoup de gens y associent, mais il va plus en détail sur ce qu'est le lavage de cerveau et comment il peut influencer la façon de penser du sujet.

Qu'est-ce que le lavage de cerveau?

Le lavage de cerveau dans ce livre sera discuté en termes de son utilisation en psychologie. Dans ce contexte, le lavage de cerveau est décrit comme une technique de reformulation des idées par l'impact social. Ce type d'influence sociale se produit au quotidien pour tout le monde, que l'on en ait conscience ou non. L'impact social est l'ensemble des méthodes utilisées pour modifier les comportements, attitudes et croyances des autres. Par exemple, les méthodes de conformité utilisées au bureau peuvent être techniquement considérées comme une forme de lavage de cerveau, car elles vous obligent à agir, et lorsque vous effectuez le travail, vous ressentez une certaine manière.

Le lavage de cerveau peut devenir un problème social sous forme extrême, car ces méthodes agissent en modifiant la façon dont une personne pense sans l'approbation du sujet.

Pour que la persuasion soit efficace, le sujet va passer par un isolement total et une dépendance en raison de l'impact intrusif sur le sujet. C'est l'une des raisons pour lesquelles certains cas de lavage de cerveau connus se produisent dans des sectes totalitaires ou des camps de prisonniers. Le *"lavage de cerveau"*, ou l'agent, doit obtenir un contrôle total.

Cela signifie qu'il doit contrôler les habitudes alimentaires, les cycles de sommeil, et répondre aux autres besoins humains du sujet, et aucune de ces actions ne peut se produire sans la volonté de l'agent. Au cours de ce processus, l'agent travaillera à décomposer systématiquement la personnalité entière du sujet pour la rendre défectueuse de manière permanente.

La méthode du lavage de cerveau est toujours sujette à débat, quant à son efficacité. Beaucoup de psychologues croient qu'il est possible de laver le cerveau de quelqu'un, tant que les conditions adéquates sont présentes. Même dans ce cas, le processus entier n'est pas aussi extrême que ce qu'il est présenté dans les médias. Il existe également différentes définitions du lavage de cerveau qui rendent plus difficile la compréhension des effets du lavage de cerveau sur le sujet. Certaines de ces définitions exigent qu'il y ait une menace pour le corps physique du sujet pour considérer qu'il s'agit de lavage de cerveau. Même les pratiques utilisées par de nombreuses sectes extrémistes ne seraient pas considérées comme un véritable lavage de cerveau, car il n'y a pas de mauvais traitements physiques si l'on suit cette définition.

D'autres définitions du lavage de cerveau se basent sur le contrôle et la pression psychologique sans force physique pour modifier les croyances du sujet. Dans tous les cas, les experts estiment que l'effet du lavage de cerveau, même dans les conditions idéales, est un phénomène de courte durée. Ils croient que la personnalité d'origine du sujet n'est pas éliminée par la pratique; elle est simplement mise de côté et reviendra lorsque la nouvelle personnalité ne sera plus renforcée.

Robert Jay Lifton a formulé des idées intéressantes sur le lavage de cerveau dans les années 1950 après avoir étudié les prisonniers des camps de guerre chinois et coréens. Lors de ses observations, il a identifié que ce processus commençait par des attaques sur le sens du soi du prisonnier, puis se terminait par un changement attendu des croyances du sujet.

Voici quelques étapes que Lifton a définies pour le processus de lavage de cerveau des sujets qu'il a étudiés:

1. Une attaque sur la personnalité du sujet
2. Imposer des regrets au sujet
3. Forcer le sujet à se trahir soi-même
4. Atteindre un point de rupture
5. Accorder de la clémence au sujet s'il change
6. Diriger la culpabilité dans la direction souhaitée
7. Libérer le sujet de la culpabilité supposée
8. Progresser vers la constance

Cela implique que toutes les références sociales normales auxquelles le sujet est habitué ne sont pas disponibles. De plus, des stratégies de brouillage mental seront utilisées pour accélérer le processus, comme la malnutrition et la privation de sommeil. En cas de lavage de cerveau, il y a généralement une présence de dommages physiques, ce qui empêche la cible de penser indépendamment et de manière critique comme elle le ferait normalement. Le lavage de cerveau est la première forme de contrôle mental à être envisagée. C'est un processus par lequel quelqu'un sera trompé pour abandonner les croyances qu'il avait dans le passé ou pour adopter de nouveaux idéaux et valeurs. Il existe de nombreuses façons de procéder, bien que toutes ne soient pas considérées comme nuisibles. Par exemple, si vous venez d'un pays africain et que vous déménagez aux États-Unis, vous serez souvent contraint de changer vos valeurs et votre adaptation pour vous intégrer à la nouvelle culture et aux nouveaux environnements dans lesquels vous vous trouvez. En revanche, ceux qui sont dans des camps de prisonniers ou lorsqu'un nouveau gouvernement totalitaire prend le pouvoir, subiront souvent un processus de lavage de cerveau pour encourager les citoyens à se soumettre silencieusement.

Beaucoup de gens ont des idées fausses sur ce qu'est le lavage de cerveau. Pour une certaine part, la pratique du lavage de cerveau se situe quelque part entre ces deux concepts.

Au cours du processus de lavage de cerveau, le sujet sera persuadé de changer ses croyances sur quelque chose par une combinaison de différentes techniques. Au fur et à mesure que le sujet assimile ces nouvelles informations, il sera récompensé pour avoir exprimé des idées et des pensées qui correspondent à ces nouvelles idées. La récompense est ce qui renforce le lavage de cerveau en cours.

Le lavage de cerveau n'est pas nouveau dans la société. Les gens utilisent ces méthodes depuis longtemps. Par exemple, dans un contexte historique, ceux qui étaient prisonniers de guerre étaient souvent brisés avant d'être incités à changer de camp. Certains des cas les plus frappants se sont terminés par le fait que le détenu devienne un passionné converti à la nouvelle équipe. Ces pratiques étaient nouvelles au début et étaient souvent mises en œuvre en fonction de celui qui supervisait. Au fil du temps, la reconnaissance du lavage de cerveau a été établie et d'autres méthodes ont été introduites pour rendre la pratique plus universelle. Les nouvelles stratégies dépendaient du domaine de la psychologie, car beaucoup de ces idées étaient utilisées pour montrer comment les gens pouvaient changer d'avis par persuasion.

De nombreuses étapes accompagnent le processus de lavage de cerveau. L'une des exigences principales pour que le lavage de cerveau réussisse est que le sujet soit maintenu en isolement.

Le sujet peut être entouré d'autres personnes et influences, mais il apprendra à penser en tant qu'individu et le lavage de cerveau ne fonctionnera pas du tout. Lorsque le sujet est en isolement, il subira un processus destiné à briser son identité. Après des mois de cela, le sujet se sentira mauvais, et la culpabilité qu'il ressentira est souhaitée. Le sujet sera amené à croire que les nouvelles options sont entièrement les siennes, ce qui les rendra plus susceptibles de rester.

L'ensemble du processus de lavage de cerveau peut prendre plusieurs mois, voire des années. Ce n'est pas quelque chose qui va se produire en une simple conversation et, pour une certaine part, cela ne peut pas se produire en dehors des camps de prisonniers et de quelques cas isolés. En partie, ceux qui subissent un lavage de cerveau l'ont fait lorsqu'une personne essaie simplement de les convaincre d'une nouvelle perspective. Si vous êtes en désaccord avec un ami et qu'il vous persuade que ses idées ont du sens, vous avez techniquement subi un lavage de cerveau. Bien sûr, cela peut ne pas être malveillant, et vous avez pu réfléchir à tout cela de manière réaliste, mais vous avez quand même été convaincu de changer les croyances que vous aviez auparavant. De manière rare, quelqu'un subit un véritable lavage de cerveau où il verra son système de valeurs entier remplacé. Cela se produira généralement lors du processus d'adoption d'un nouveau point de vue, que les techniques utilisées aient été persuasives ou non.

Types de lavage de cerveau

• **Déconstruction du soi**

Pendant ce processus, l'agent cherche à briser l'ancienne personnalité du sujet afin de le rendre plus susceptible et ouvert au nouveau statut souhaité. L'agent ne réussira pas dans son intention si le sujet reste fermement ancré dans sa volonté et dans sa personnalité ancienne. Briser cette personnalité et amener la personne à remettre en question ce qui l'entoure peut faciliter le changement de personnalité dans les étapes suivantes, comprenant une attaque contre la personnalité du sujet, l'instauration de la culpabilité, la trahison de soi, puis l'atteinte du point de rupture.

• **Attaque contre la personnalité**

L'attaque contre la personnalité du sujet est une attaque systématique contre son estime de soi, son ego ou sa personnalité, ainsi que son système de croyances fondamentales. L'agent passera beaucoup de temps à rejeter tout ce que le sujet protège. *"Tu n'es pas un homme!"*, *"Tu n'es pas un combattant!"*. Le sujet sera continuellement attaqué de cette manière pendant des jours et des mois. Cela a pour but d'affaiblir le sujet afin qu'il devienne désorienté, confus et épuisé. Lorsque le sujet atteindra cet état, ses croyances commenceront à sembler moins intenses et il pourrait commencer à croire ce qu'on lui dit.

- **Culpabilité**

Une fois que le sujet a traversé l'attaque de sa personnalité, il atteindra le stade du regret. Les sujets se verront continuellement dire qu'ils sont mauvais pendant qu'ils traversent cette nouvelle crise de personnalité.

Le sujet sera constamment attaqué pour quelque chose qu'il a fait, peu importe si l'acte est grand ou petit. L'ampleur des attaques peut varier également; le sujet peut être critiqué pour ses systèmes de croyances, sa manière de s'habiller, ou parce qu'il mange trop lentement. Au fil du temps, le sujet commencera à se sentir gêné en permanence et aura l'impression que tout ce qu'il fait est faux.

- **Self-betrayal**

Maintenant que le sujet a été amené à croire qu'il est mauvais et que toutes ses actions sont défavorables, l'agent va s'efforcer de forcer le sujet à admettre qu'il est mauvais. À ce stade, le sujet est submergé par son propre regret et se sent extrêmement désorienté. Par la poursuite des attaques mentales, la menace d'un préjudice physique grave ou une combinaison des deux, l'agent sera en mesure de pousser le sujet à renier son ancienne personnalité. Cela peut inclure une large gamme d'actions, comme amener le sujet à dénoncer ses pairs, amis et membres de sa famille qui partagent les mêmes croyances.

Bien que ce processus puisse prendre du temps, une fois qu'il a lieu, le sujet ressentira qu'il a trahi ceux à qui il devait être fidèle. Cela augmentera encore plus le sentiment de honte et la perte d'identité que le sujet ressent déjà, et cela affaiblira encore davantage son caractère.

À ce stade, le sujet se sent brisé et désorienté. Il traverse une crise de personnalité et ressent une profonde humiliation d'avoir trahi toutes ses croyances et les personnes qu'il connaissait. Cela le conduira à une dépression nerveuse.

Le sujet peut avoir la sensation d'être complètement perdu et d'avoir une emprise fragile sur la réalité. Une fois que le sujet atteint ce point de rupture, il aura perdu son sens de soi, et l'agent pourra pratiquement faire tout ce qu'il veut de lui, car le sujet n'a plus une compréhension claire de ce qui se passe autour de lui et de qui il est.

À ce stade, l'agent mettra en place des tentations nécessaires pour convertir le sujet à un nouveau système de croyances. Ce nouveau système sera conçu de manière à offrir une forme de rédemption au sujet pour échapper au tourment qu'il ressent.

• **Possibilité de Salut**

Après que l'agent a réussi à démolir la personnalité du sujet, il est temps de passer à l'étape suivante. Cette étape consiste à offrir au sujet la possibilité de salut, mais uniquement s'il adhère aux nouvelles croyances imposées.

Le sujet est informé qu'il peut se racheter, qu'il peut redevenir «bon» et se sentir mieux s'il suit simplement le chemin nouvellement tracé. Cette phase du processus de lavage de cerveau comporte quatre étapes: la clémence, l'obligation de confesser, le transfert du regret et la libération du chagrin.

La clémence correspond à l'étape *"Je peux t'aider"*. Le sujet, après avoir été brisé, s'est éloigné des personnes qui partageaient ses convictions. Il se sentira perdu et seul au monde, accablé de honte pour toutes les mauvaises actions qu'il pense avoir commises, et cherchera désespérément une issue.

À ce moment, l'agent peut offrir au sujet une forme de soulagement. Cela peut se manifester sous la forme d'une interruption des abus subis, d'une petite gentillesse ou d'un geste de considération. Par exemple, l'agent peut offrir un peu plus de nourriture, un verre d'eau ou prendre un moment pour poser des questions sur la famille ou les proches du sujet.

Dans l'état actuel du sujet, ces petits gestes de bonté paraîtront immenses, suscitant chez lui un grand sentiment de gratitude et de soulagement envers l'agent. Souvent, ces émotions sont disproportionnées par rapport à la réalité de l'aide fournie. Parfois, le sujet peut percevoir ces gestes comme des actes de sauvetage, pensant que l'agent lui a littéralement sauvé la vie, alors qu'il ne s'agissait que d'un service mineur.

Cette distorsion des événements joue en faveur de l'agent, car elle crée un lien de loyauté entre le sujet et l'agent, effaçant progressivement les souvenirs des relations passées du sujet.

- **Obligation de Confession**

Une fois que le représentant a réussi à gagner la confiance de son sujet, il cherchera à obtenir une confession au cours du processus. Si le lavage de cerveau est efficace, le sujet pourrait même commencer à ressentir le désir de rendre une partie de la compassion qui lui a été offerte par l'agent.

La confession est présentée comme un moyen d'alléger l'inconfort et la culpabilité ressentis par le sujet; ce dernier sera alors guidé à travers un processus de confession de toutes les fautes et péchés qu'il aurait commis dans le passé.

Naturellement, ces fautes et péchés seront interprétés dans le contexte de la nouvelle personnalité en cours de formation. Par exemple, si le sujet est un prisonnier de guerre, cette étape consistera à le pousser à avouer les torts qu'il a pu commettre en défendant la liberté ou en combattant le régime d'un autre pays. Même si ces actions ne sont pas intrinsèquement des péchés ou des torts, elles sont en contradiction avec la nouvelle idéologie selon laquelle le régime est toujours juste, et doivent donc être confessées.

• **Portement de la culpabilité**

Dès que le sujet entre dans l'étape du portement de la culpabilité, il a déjà subi l'attaque contre son ego pendant plusieurs mois. À ce stade du processus de lavage de cerveau, le sujet ressent le regret et la honte qui lui ont été imposés, mais ces sentiments ont perdu leur signification. Le sujet est incapable d'expliquer précisément ce qu'il a fait de mal pour se soulager; il sait simplement qu'il est en faute.

L'agent sera en mesure d'utiliser l'état de confusion du sujet pour expliquer pourquoi il souffre.

Le représentant pourra relier le sentiment de culpabilité ressenti par le sujet à ce qu'il souhaite. Si le représentant cherche à remplacer un système de croyances, il prendra l'ancien système et convaincra le sujet que ces croyances sont la cause de son sentiment de regret.

C'est à cette étape que la corrélation entre les anciennes croyances et les nouvelles croyances est établie. En général, l'ancien système de croyances est associé à la souffrance psychologique que le sujet ressent, tandis que le nouveau système de croyances est présenté comme la solution pour échapper à cette douleur. Le choix appartient au sujet, mais il est assez évident qu'il optera pour le nouveau système afin de commencer à se sentir mieux.

- **Libération de la culpabilité**

Dans cette étape, le sujet en vient à comprendre que ses anciennes valeurs et croyances sont la source de sa douleur. À ce stade, il est épuisé et lassé de ressentir la culpabilité et la honte qui lui ont été imposées pendant plusieurs mois. Il commence à réaliser que ce n'est pas forcément quelque chose qu'il a fait qui provoque ces sentiments, mais bien ses croyances qui sont à l'origine de cette culpabilité. Le sujet accablé peut ressentir un certain soulagement en prenant conscience qu'il existe une solution.

Le sujet a découvert qu'il a un moyen de s'échapper, simplement en abandonnant le système de croyances erroné qu'il avait adopté et en embrassant le nouveau système qui lui est proposé. Tout ce que le sujet doit faire pour se libérer de la culpabilité qu'il ressent, c'est de renier les institutions et les personnes associées à l'ancien système de croyances. En faisant cela, il sera libéré de son sentiment de culpabilité.

Le sujet a désormais une certaine maîtrise de cette étape. Il comprend que la libération de la culpabilité dépend entièrement de lui. Tout ce qu'il doit faire pour se libérer complètement de ses erreurs est de confesser son attachement passé au système de croyances obsolète. Une fois la confession complète réalisée, le sujet aura achevé le rejet psychologique total de son ancienne personnalité.

À ce moment précis, le représentant doit intervenir pour offrir une nouvelle personnalité au sujet et l'aider à reconstruire son caractère selon le modèle souhaité.

- **Reconstruction de soi**

À ce stade, le sujet a traversé de nombreuses étapes et un grand tumulte psychologique. Une fois tout cela atteint, le sujet devra apprendre à se reconstruire avec l'aide de l'agent.

Le sujet est comme une page blanche et est très désireux d'apprendre à être et à se sentir mieux.

Deux étapes se distinguent dans cette phase: l'harmonie et la confession finale avant de repartir à zéro.

- **Harmonie**

L'agent utilisera cette action pour persuader le sujet que c'est leur choix de faire un changement. Ils peuvent dire au sujet qu'ils ont la possibilité de choisir ce qui est bon et de faire un changement qui les aidera à se sentir mieux.

À cette étape, le représentant cessera les abus et se concentrera plutôt sur le confort mental et physique du sujet. L'objectif de cette action est d'associer les anciennes croyances à l'inconfort et à la souffrance, tout en alignant les nouvelles idées avec le bonheur et le soulagement.

Cette étape est conçue de manière à ce que le sujet ait le choix du chemin à prendre, même si cela ne dépend pas entièrement d'eux. Le sujet doit utiliser cette étape pour choisir entre les anciennes croyances et les nouvelles croyances, déterminant ainsi comment ils se sentiront pour le reste de leur vie. À ce stade, le sujet a déjà traversé le processus de renonciation à ses anciennes croyances.

De ce fait, ils sont probablement sur le point de choisir le nouveau système de croyances pour soulager leur regret. En utilisant la logique et en considérant l'état d'esprit du sujet, il est plus facile de voir que la seule personnalité que le sujet choisira pour sa tranquillité d'esprit et sa sécurité est la nouvelle.

- **Dernière confession et recommencement**

Bien que le choix ne leur appartienne pas du tout, l'agent a tactiquement travaillé tout au long du processus pour amener le sujet à donner l'impression qu'il a la liberté de choisir une nouvelle personnalité. Si le processus de lavage de cerveau est bien exécuté, le sujet réfléchira logiquement aux nouvelles options et décidera que la meilleure est d'adopter la personnalité originale. Ils ont été conditionnés à le croire, et dans leur état d'esprit particulier, c'est celle qui a le plus de sens. Il n'y a pas d'autres options; choisir la nouvelle personnalité leur permet d'être libérés de la culpabilité et d'apporter de la joie, tandis que choisir l'ancienne nature entraîne la douleur et les regrets.

Si, pour une raison quelconque, le sujet refuse la nouvelle personnalité, tout le processus de lavage de cerveau reviendrait en arrière, et il devrait le subir à nouveau pour parvenir aux résultats souhaités.

Pendant cette phase du processus, le sujet doit choisir qu'il va choisir le bien, ce qui signifie qu'il décide de prendre la nouvelle personnalité. Lorsque le sujet compare la misère et la douleur de sa vieille nature avec la paix qui découle de la nouvelle, il choisira la nouvelle personnalité.

Il n'y aura plus de regret ni de malheur. Une fois cette étape terminée, le sujet rejettera son ancienne nature et passera par un processus de promesse d'allégeance à sa nouvelle personnalité, sachant qu'elle améliorera sa vie.

Parfois, des cérémonies et rituels se déroulent lors de cette dernière phase. La conversion de l'ancienne personnalité à la nouvelle est un événement majeur, car beaucoup d'énergie et de temps ont été investis des deux côtés. Pendant ces événements, le sujet sera introduit dans la nouvelle communauté et accueilli avec une personnalité unique. Pour certaines victimes de lavage de cerveau, il y a un sentiment de renaissance à ce moment. Le sujet peut embrasser sa nouvelle nature et est accueilli à bras ouverts dans la nouvelle communauté qui devient la sienne. Au lieu d'être isolé et seul, il a désormais de nouveaux amis et des membres de la communauté de son côté. Au lieu de ressentir la culpabilité et la douleur qui l'ont affligé pendant de nombreux mois, il éprouvera de la joie et de la paix avec tout ce qui l'entoure. La nouvelle personnalité est désormais sienne, et la transformation du lavage de cerveau est totale.

Ce processus peut durer de nombreux mois à plusieurs années. La majorité des gens sont bien ancrés dans leurs personnalités et leurs croyances; il n'est pas possible de tout changer en quelques jours, sauf si la personne était déjà prête à changer, ce qui rendrait les méthodes de lavage de cerveau inutiles. L'isolement serait également nécessaire, car les influences extérieures empêcheraient le sujet de se fier à l'agent pendant ce processus. C'est pourquoi de nombreux cas de lavage de cerveau se produisent dans des camps de prisonniers et d'autres situations isolées; la grande majorité des gens n'aurait pas la possibilité de subir un lavage de cerveau, car ils sont constamment entourés de personnes et d'innovations qui entraveraient tout le processus. Dès que la personne reste isolée, le processus prend beaucoup de temps, car de nombreuses étapes doivent être franchies pour changer les idéaux que la personne a eus pendant des années, afin qu'elle accepte la nouvelle personnalité comme la sienne, tout en ayant l'impression que le choix lui a toujours appartenu.

Comme on peut le voir, plusieurs étapes doivent être franchies pour traverser le processus de lavage de cerveau. Ce n'est pas quelque chose qui se produit simplement en croisant quelqu'un dans la rue et en échangeant quelques mots.

Essayer d'obtenir une confession que le sujet est mauvais et qu'il souhaite renoncer à tout ce qu'il a fait de mal à cause de sa vieille personnalité. Enfin, le sujet sera amené à penser qu'il peut changer pour le mieux s'il abandonne simplement ses anciennes idées et accueille la tranquillité et la justesse qui entourent la nouvelle personnalité disponible. Toutes ces actions doivent avoir lieu pour que le lavage de cerveau soit efficace et que la nouvelle nature soit mise en place.

Persuasion en tant que défense en cour

Au cours de l'histoire, des personnes ont affirmé avoir commis de terribles méfaits parce qu'elles avaient été induites en erreur. Quelle que soit l'action, le lavage de cerveau a servi de défense simple, car il déresponsabilisait l'accusé, et il était difficile de prouver si quelqu'un avait été persuadé ou non.

Que les plaidoyers de persuasion puissent être utilisés comme défense en cour dépend de certains débats. De nombreux experts estiment qu'en autorisant cette défense en cour, les tribunaux seraient submergés par des accusations incorrectes de lavage de cerveau, et les ressources nécessaires pour réfuter cette défense ou prouver le contraire seraient plus que ce que les tribunaux pourraient gérer. Néanmoins, il existe certains cas présentés devant le tribunal qui pourraient montrer la crédibilité du lavage de cerveau en tant que défense pour des crimes commis.

Le premier exemple de cela a eu lieu en 1976. Patty Hearst, l'héritière d'une grande fortune d'édition, a utilisé la protection du lavage de cerveau lorsqu'elle a été jugée pour un vol de banque. Au début des années 1970, Hearst a été enlevée par l'Armée de Libération Symbionese (SLA) et a fini par rejoindre ce groupe. Pendant le procès, Hearst a déclaré qu'elle avait été enfermée dans un placard pendant plusieurs jours après son enlèvement. Pendant cette période, Hearst a mentionné qu'elle avait peur pour sa vie, était brutalement traitée, fatiguée et mal nourrie. En même temps, les membres de la SLA lui ont bombardé l'esprit avec leur idéologie contre une nation capitaliste. En deux mois de captivité, Patty avait changé de nom tout en faisant une déclaration disant que sa famille était des *"Hearsts cochons"*, puis elle est apparue sur la vidéo de sécurité d'un vol de banque avec ceux qui l'avaient enlevée.

En 1976, Patty Hearst a été jugée pour ce vol de banque et a été défendue par F. Lee Bailey. Dans la défense, il a été affirmé que la SLA avait persuadé Hearst. Ce lavage de cerveau l'avait poussée à commettre un crime qu'elle n'aurait pas commis dans d'autres circonstances. Dans l'état d'esprit où elle se trouvait à cause du lavage de cerveau, elle n'était pas capable de faire la distinction entre le bien et le mal et, par conséquent, ne devait pas être jugée coupable du vol de banque. Le tribunal n'a pas accepté cette analyse et l'a trouvée coupable, la condamnant à sept ans de prison. Après quelques années, le président Carter a commué sa peine, et elle n'a finalement purgé que deux ans de prison.

CHAPITRE DIX

La Manipulation

Le lavage de cerveau et l'hypnose sont les deux formes de contrôle mental qui viennent rapidement à l'esprit. Bien que ces deux techniques soient essentielles pour comprendre le fonctionnement du contrôle mental et ses mécanismes, elles ne sont pas les seules options disponibles. D'autres stratégies, souvent plus efficaces à court terme que le lavage de cerveau ou l'hypnose, peuvent également être utilisées. Ces techniques spécifiques peuvent s'appliquer dans des situations quotidiennes, par exemple, lors de conversations ordinaires qu'une personne peut avoir avec d'autres. Bien qu'il soit peu probable qu'une personne soit manipulée ou convaincue de changer des croyances majeures au cours de discussions habituelles, elle peut être persuadée de modifier de petits comportements, comme être incitée à acheter des cookies auprès d'une jeune scout ou à voter d'une certaine manière lors d'une élection.

La chose principale à retenir concernant les trois formes de contrôle mental suivantes est qu'elles sont plus susceptibles de se produire dans la vie quotidienne d'une personne, avec des individus qu'elle connaît et en qui elle a confiance. Une personne ne va pas isoler son sujet ou l'obliger à entrer dans un état d'esprit modifié, comme c'est le cas avec le lavage de cerveau. À la place, elle utilisera différentes stratégies pour modifier la manière dont son sujet réfléchit.

Les trois types de contrôle mental qui correspondent à cette catégorie incluent le pouvoir, la tromperie et la persuasion.

Ce chapitre va aborder la manipulation et expliquer comment elle peut fonctionner pour changer la manière de penser d'un *"sujet"*. Bien que la manipulation puisse ne pas mettre la personne qui emploie cette stratégie en danger ou provoquer une menace immédiate, elle est conçue pour fonctionner de manière trompeuse et discutable, afin de modifier le comportement, les opinions et la perception du sujet visé en ce qui concerne un thème ou une situation particulière.

Qu'est-ce que la manipulation?

Dans ce livre, nous aborderons la notion de contrôle en termes de manipulation psychologique, qui constitue une influence sociale visant à modifier les comportements ou les perceptions d'autrui, ou du sujet, par des moyens violents, trompeurs ou discutables. Le manipulateur cherche à faire avancer ses propres intérêts, généralement au détriment des autres, ce qui rend ses méthodes souvent perçues comme trompeuses, sournoises, violentes et exploitantes.

L'influence sociale, telle qu'un médecin persuadant ses patients d'adopter des habitudes de vie saines, est généralement considérée comme inoffensive. Cela s'applique à toute influence sociale respectant le droit des individus à choisir librement et n'étant pas excessivement coercitive. En revanche, si quelqu'un cherche à imposer sa volonté en utilisant les autres contre leur gré, l'impact social peut devenir nuisible et est généralement mal vu.

La manipulation émotionnelle ou mentale est perçue comme une forme de persuasion et de coercition. Elle inclut des aspects tels que l'intimidation et le lavage de cerveau. Dans bien des cas, ces pratiques sont considérées comme trompeuses ou abusives.

Les manipulateurs utilisent ces méthodes pour contrôler les comportements des personnes qui les entourent. Ils ont un objectif précis et emploient diverses formes d'abus pour contraindre autrui à les aider à atteindre ce but final. Le chantage émotionnel est souvent utilisé dans ce processus.

Les manipulateurs recourent à des techniques telles que le contrôle mental, le lavage de cerveau ou l'intimidation pour obtenir ce qu'ils veulent. Leur sujet, bien que réticent à exécuter une tâche, peut se sentir contraint de le faire à cause du chantage ou d'autres moyens de pression. La plupart des manipulateurs manquent d'empathie et de sensibilité envers les autres, ce qui leur fait ignorer les conséquences de leurs actes.

Certains manipulateurs, en revanche, sont uniquement focalisés sur l'atteinte de leur objectif final, sans se soucier des dommages ou des souffrances causés en chemin. En outre, ces individus évitent souvent les relations saines par crainte d'être rejetés. Les personnes manipulatrices ont généralement du mal à assumer la responsabilité de leurs comportements, problèmes et choix de vie. Incapables de reconnaître leurs propres torts, elles utilisent des méthodes de manipulation pour faire porter cette responsabilité à autrui.

Les manipulateurs emploient fréquemment des stratégies issues d'autres formes de contrôle mental pour influencer les autres. L'une des techniques les plus courantes est le chantage émotionnel. Dans ce cas, le manipulateur exploite la compassion ou la culpabilité de son sujet, car ces émotions, parmi les plus puissantes chez l'humain, sont particulièrement efficaces pour inciter à l'action souhaitée. Le manipulateur tire alors pleinement parti de la situation en utilisant cette compassion ou cette culpabilité pour obtenir la coopération de son sujet ou atteindre son objectif.

Souvent, le manipulateur ne se contente pas de susciter ces émotions; il parvient à les amplifier démesurément par rapport à la situation réelle. Par exemple, il pourrait faire croire qu'un événement mineur, comme manquer une fête, équivaut à manquer un enterrement ou un événement d'une importance capitale.

Le chantage émotionnel n'est qu'une des nombreuses tactiques utilisées par les manipulateurs. Une autre méthode efficace consiste en un abus appelé *"gaslighting"* ou manipulation mentale. Cette technique vise à créer de l'insécurité chez le sujet manipulé, entraînant souvent un doute de soi.

Dans certains cas, le manipulateur adopte des comportements passifs-agressifs pour atteindre ses objectifs de gaslighting. Lorsqu'il est confronté, il utilise des stratégies de déni, de rationalisation ou de tromperie pour se justifier et échapper à ses responsabilités.

Un des problèmes majeurs avec les manipulateurs psychologiques est leur incapacité à comprendre ou à répondre aux besoins des autres. Ils négligent souvent ces besoins, non par malveillance, mais par manque de considération ou d'intérêt. Cette absence de prise en compte des besoins d'autrui leur permet d'exécuter leurs manipulations sans ressentir de culpabilité ou de honte. Cela complique toute tentative de leur faire comprendre, de manière rationnelle, pourquoi leurs comportements devraient cesser.

De plus, le manipulateur peut constater qu'il lui est difficile de nouer des amitiés et des relations profondes et significatives, car les personnes avec lesquelles il interagit se sentiront constamment utilisées et auront du mal à lui faire confiance. Ce problème se manifeste des deux côtés dans le développement des relations: le manipulateur sera incapable de reconnaître les besoins de l'autre personne, tandis que cette dernière ne pourra pas établir les liens émotionnels ou la confiance nécessaires avec le manipulateur.

Besoins pour manipuler avec success

Un manipulateur actif doit avoir des stratégies à sa disposition qui lui permettront d'utiliser efficacement les autres pour atteindre son objectif final. Bien qu'il existe plusieurs théories sur ce qui caractérise un manipulateur actif, nous examinerons les trois besoins énoncés par George K. Simon, un auteur compétent en psychologie.

Selon Simon, le manipulateur devra:

1. Être capable de dissimuler ses comportements agressifs et ses objectifs à son sujet.
2. Être capable de déterminer les vulnérabilités de son sujet désigné.
3. Avoir une certaine dose de cruauté pour ne pas être freiné par des doutes qui pourraient surgir en cas de préjudice causé au sujet, que ce soit psychologique ou physique.

Le premier besoin du manipulateur:

Si le manipulateur se promène en révélant ses plans à tout le monde ou en étant constamment méchant avec les autres, personne ne restera suffisamment longtemps pour se laisser manipuler. Au contraire, le manipulateur doit être capable de dissimuler ses intentions et d'agir comme si tout était normal. Au moment où le sujet se rend compte du problème, le manipulateur aura déjà récolté suffisamment d'informations pour persuader le sujet de continuer.

Ensuite, le manipulateur doit:

Être capable d'identifier les vulnérabilités de ses victimes potentielles. Cela peut l'aider à déterminer quelles tactiques utiliser pour atteindre son objectif final. Parfois, le manipulateur peut accomplir cette étape grâce à un peu d'observation, tandis que d'autres fois, il devra interagir avec le sujet avant d'élaborer une stratégie complète.

Enfin, le manipulateur doit être impitoyable:

Cela ne fonctionnera pas si le manipulateur consacre tout son travail à son plan pour ensuite s'inquiéter de ce qu'il adviendra du sujet à la fin. S'il se souciait vraiment du sujet, il ne mettrait probablement pas en œuvre un tel plan.

Le manipulateur ne se préoccupera pas du tout du sujet et ne se souciera pas des dommages, qu'ils soient psychologiques ou physiques, tant que l'objectif général sera atteint.

Une des raisons pour lesquelles les manipulateurs sont si efficaces, c'est que le sujet ne se rend souvent compte qu'il est manipulé qu'à un stade avancé du processus. Il peut penser que tout ce qui se passe est normal, voire qu'il s'est fait un nouvel ami dans le manipulateur. Au moment où le sujet réalise qu'il est utilisé ou qu'il ne souhaite plus participer, il est déjà trop tard. Le manipulateur sera en mesure d'utiliser des stratégies, comme le chantage émotionnel, pour atteindre son but.

CHAPITRE ONZE

La Persuasion

La persuasion est un autre type de contrôle mental qui sera abordé. Bien qu'il n'y ait peut-être pas autant de battage médiatique autour de ce type de contrôle mental que pour le lavage de cerveau ou l'hypnose, il peut être tout aussi efficace s'il est utilisé correctement. Le problème avec ce type de contrôle mental réside dans le fait qu'il existe tellement de formes de persuasion dans la vie quotidienne qu'il devient difficile pour une source donnée d'atteindre le sujet et de faire une différence.

Alors que la persuasion vise, comme les autres formes de contrôle mental, à changer les idées et les croyances du sujet, il semble que tout le monde essaie de vous persuader de quelque chose. Cela rend plus facile d'ignorer la persuasion qui est dirigée vers le sujet. Par exemple, que ce soit à travers les publicités à la télévision, lors d'un débat ou même d'une conversation, une certaine forme de persuasion est souvent en cours.

Les gens utilisent souvent la persuasion à leur avantage sans même s'en rendre compte. Ce chapitre explorera plus en détail les croyances et la manière dont elles peuvent être utilisées efficacement comme une forme de contrôle mental.

Qu'est-ce que la persuasion?

Pour commencer, voici la définition de la persuasion. Les gens donneront souvent des réponses différentes lorsqu'on leur parle de persuasion. Certains penseront aux publicités et aux annonces qu'ils voient autour d'eux, qui incitent à acheter un produit spécifique plutôt qu'un autre. D'autres penseront à la persuasion dans le contexte de la politique, où les candidats tentent de convaincre les électeurs pour obtenir un autre vote. Les deux exemples ci-dessus sont de la persuasion, car le message essaie de changer la façon dont le sujet pense. La persuasion peut être trouvée dans la vie quotidienne, elle est une force active et une influence significative sur le sujet et la société. Le marketing, les médias de masse, les choix appropriés et la politique seront tous influencés par la manière dont la persuasion fonctionne, et cela agira aussi pour convaincre le sujet.

Comme on peut le voir, il existe des distinctions cruciales entre la persuasion et d'autres formes de contrôle mental, qui ont été abordées précédemment dans ce livre. Le lavage de cerveau et l'hypnose nécessitent que le sujet soit en isolement pour changer ses idées et sa personnalité. Un ajustement se concentre également sur une seule personne pour atteindre l'objectif final. Alors que la persuasion peut être utilisée sur un seul sujet pour lui faire changer d'avis, il est également possible d'utiliser la persuasion à une plus grande échelle pour convaincre un groupe entier, voire la société, de changer leur façon de penser. Cela peut la rendre plus efficace, et peut-être dangereuse, car elle peut modifier l'opinion de nombreuses personnes en même temps, au lieu de celle d'un seul sujet.

Beaucoup de gens ont l'idée erronée qu'ils sont immunisés contre les effets de la persuasion. Ils croient qu'ils seraient capables de repérer toute tentative de vente, que l'agent vende réellement un produit ou un tout nouveau concept. De plus, la plupart des sujets seront capables d'éviter les messages concernant l'achat de téléviseurs, de voitures de luxe ou du dernier produit du marché. La plupart du temps, l'acte de persuasion sera plus subtil, et il pourra être plus difficile pour le sujet de se faire une opinion sur ce qu'on lui dit.

Lorsque la persuasion est abordée, beaucoup de gens la verront sous un jour négatif. Ils penseront à un escroc ou un vendeur qui essaie de les convaincre de changer toutes leurs croyances et qui va les pousser et les déranger jusqu'à ce que les changements se produisent. Bien que cela soit une façon de voir la persuasion, ce processus peut souvent être utilisé de manière positive plutôt que négative. Par exemple, les campagnes de services publics peuvent inciter les gens à arrêter de fumer ou à recycler, ce qui sont des formes de persuasion qui peuvent améliorer la vie des sujets. Tout dépend de la manière dont le processus de persuasion est utilisé.

Aspects de la persuasion

Tout comme les autres types de contrôle mental, il existe certains aspects à prendre en compte lorsqu'il s'agit de persuasion. Ces composants aident à définir ce qu'est la persuasion afin qu'elle soit plus identifiable. Selon Perloff en 2003, la persuasion est définie comme «un processus symbolique dans lequel des interactions tentent de persuader d'autres personnes de changer leurs comportements ou mentalités concernant un problème, à travers la transmission d'un message dans un environnement de libre choix».

C'est l'un des éléments essentiels qui distingue la persuasion des autres types de contrôle mental: le sujet est souvent autorisé à faire ses choix libres dans la question, même si les techniques de persuasion vont influencer l'esprit du sujet dans une direction particulière. Le sujet peut choisir dans quelle direction il souhaite croire, s'il veut acheter un produit ou non, ou s'il pense que les preuves derrière la persuasion sont suffisamment solides pour changer son esprit.

Il existe quelques éléments qui font partie de la persuasion et qui aident à la définir encore plus. Ces éléments incluent :

La persuasion est symbolique

Cela signifie qu'elle utilise des images, des mots et des sons pour être comprise.

La persuasion implique que l'agent tente intentionnellement d'influencer le sujet ou le groupe. L'auto-persuasion est une partie essentielle de ce processus. Le sujet n'est généralement pas persuadé, mais il lui est donné la liberté de faire un choix. Il existe plusieurs façons de transmettre des messages convaincants, telles que face à face, à la télévision, à la radio et sur Internet.

L'interaction peut également se produire de manière verbale ou non verbale.

Examinons chaque point plus en détail.

1. Le premier aspect de la persuasion est qu'elle doit être symbolique. Pour encourager quelqu'un à croire ou à agir d'une certaine manière, vous devez lui expliquer/montrer pourquoi il doit changer ses pensées. Cela implique l'utilisation de mots, de

sons et d'images pour faire passer le nouveau message. Vous pouvez utiliser des mots pour lancer une discussion ou un argument afin de montrer votre point de vue.

Les images sont un excellent moyen de montrer les preuves nécessaires pour convaincre quelqu'un d'aller dans une direction ou une autre. Certains indices non verbaux sont possibles, mais ils ne seront pas aussi efficaces que l'utilisation des images et des mots.

2. Le deuxième aspect clé est que la persuasion est utilisée intentionnellement pour influencer les actions ou les pensées des autres. C'est assez évident; si vous n'essayez pas délibérément d'influencer les autres, vous n'utilisez pas la persuasion pour les amener à changer d'avis.

   D'autre part, cela pourrait devenir beaucoup plus complexe et inclure des formes plus trompeuses pour changer l'esprit du sujet.

3. La caractéristique unique de la persuasion est qu'elle permet au sujet de disposer d'une certaine liberté. Le sujet est libre de faire son propre choix dans la situation. En règle générale, peu importe à quel point quelqu'un tente de le persuader de quelque chose, il n'est pas obligé de céder. Le sujet peut écouter mille publicités sur la meilleure voiture à acheter, mais s'il n'aime pas

cette marque ou n'a pas besoin d'une nouvelle voiture à ce moment-là, il ne l'achètera pas. Si le sujet s'oppose à l'avortement, peu importe combien de personnes viennent dire combien l'avortement est fantastique, le sujet ne changera pas d'avis. Cela offre plus de liberté de choix que ce que l'on trouve dans d'autres types de contrôle mental, ce qui explique pourquoi beaucoup de gens ne considèrent pas cela comme un type de contrôle mental lorsqu'on leur demande.

4. La persuasion est un type de contrôle mental qui peut se produire de différentes manières. Alors que le lavage de cerveau, l'hypnose et la manipulation doivent avoir lieu en face à face, et dans de nombreux cas en isolement complet, la persuasion peut se produire autrement. Vous pouvez voir des exemples de persuasion partout, y compris lorsque vous parlez à des personnes que vous connaissez, sur Internet, à la radio et à la télévision. Il est également possible de transmettre des messages convaincants par des moyens verbaux et non verbaux, bien que les méthodes verbales soient beaucoup plus efficaces.

La persuasion moderne

Progressivement, la persuasion a évolué et changé depuis ses débuts.

Il y a eu plusieurs changements dans l'art de la persuasion et dans la manière dont elle est utilisée de nos jours. Certains des éléments essentiels de la persuasion moderne seront abordés dans ce chapitre.

Richard M. Perloff a passé beaucoup de temps à étudier la persuasion moderne, comment elle est utilisée et comment elle peut influencer la société dans son ensemble. Il a écrit un livre intitulé *"The Dynamics of Persuasion: Communication and Attitudes in the 21st Century"*, dans lequel il décrit cinq façons dont l'utilisation de la persuasion moderne diffère de son usage dans le passé.

Ces cinq façons sont:

1. **Le nombre de messages considérés comme persuasifs a considérablement augmenté**: À l'époque de la Grèce antique, la persuasion était utilisée uniquement par écrit et lors de débats entre élites. Les actes de persuasion n'étaient pas courants et ne se voyaient pas partout. De nos jours, il est difficile d'aller n'importe où sans être confronté à un message persuasif. Il y a encore des gens qui frappent à votre porte pour essayer de vous vendre quelque chose, vous convaincre de leurs idées ou vous faire essayer quelque chose de nouveau. La persuasion fait

partie intégrante de la vie moderne plus que jamais dans l'histoire.

2. **La persuasion voyage rapidement**: À l'époque de la Grèce antique, il pouvait falloir des semaines, voire plus, pour qu'un message persuasif traverse d'un point à un autre. Beaucoup d'actes de persuasion devaient être réalisés dans le cadre d'une communication en face à face. Aujourd'hui, les messages se propagent en quelques secondes, et n'importe quel message peut être diffusé facilement, permettant aux candidats politiques de joindre leurs électeurs instantanément. Lorsque la persuasion se diffuse aussi rapidement, elle prend un rôle beaucoup plus important.

3. **La persuasion peut signifier beaucoup d'argent:** Maintenant que les entreprises ont compris le pouvoir de la persuasion, elles font tout ce qu'elles peuvent pour en tirer parti. Plus elles réussissent à convaincre les clients d'acheter leurs produits, plus elles gagnent de l'argent. Certaines entreprises existent uniquement grâce à ce processus, comme les entreprises de relations publiques, les agences de marketing et les agences publicitaires. D'autres entreprises utilisent les techniques persuasives fournies par ces agences pour atteindre et dépasser leurs objectifs de vente.

4. **La persuasion est devenue plus subtile qu'auparavant**: Au début de la persuasion, l'agent annonçait ses opinions à haute voix pour que tout le groupe l'entende, dans l'espoir de les convaincre de changer d'avis. Cette époque est révolue, et le processus de persuasion est devenu beaucoup plus discret. Bien qu'il soit encore possible de voir des actes de persuasion qui sont bruyants et directs, comme dans certains types de publicité, d'autres suivent une voie plus subtile. Un exemple en est lorsque des organisations construisent une image particulière d'elles-mêmes, comme celle d'être familiales, pour attirer l'attention des gens.

5. **La persuasion est devenue plus complexe:** La persuasion est désormais plus subtile et souvent plus difficile à identifier; elle devient également plus complexe. Autrefois, une personne se rendait simplement dans le seul magasin de la ville pour acheter tout ce dont elle avait besoin. Aujourd'hui, elle peut choisir parmi différents magasins pour ses besoins, que ce soit dans le magasin de bricolage, l'épicerie ou le magasin de vêtements. Toutes ces options rendent difficile pour l'agent de trouver un message persuasif efficace pour le consommateur ou tout autre sujet.

CHAPITRE DOUZE

Meilleures Façons de Renforcer Votre Défense Contre la Psychologie Noire

"Ce n'est pas le scandale initial qui met les gens dans cette situation difficile, mais le fait d'essayer de le dissimuler."

- Tom Petri

Ne dissimulez pas

Traverser quelque chose d'aussi éprouvant et bouleversant que devoir faire face aux mensonges de quelqu'un en qui vous avez confiance peut avoir un impact mental profond. Mon objectif, en commençant ce livre, était d'aider les gens à démêler les mensonges dans leur environnement quotidien et à s'affranchir des manipulations des autres. L'ensemble de ce livre s'est concentré à 80 % sur l'introspection et le reste visait à vous faire comprendre ce qu'est la psychologie sombre.

Cependant, il y a un aspect que nous n'avons pas abordé, et c'est quelque chose que vous vivrez par vous-même: ce sont les personnes qui commettent ces actes. J'ai fourni les informations nécessaires pour vous aider à déchiffrer les aspects et les caractéristiques de la psychologie sombre, mais c'est là que mes limites s'arrêtent.

En effet, les personnes les plus susceptibles de vous manipuler et de vous contrôler sont souvent celles que vous aimez et en qui vous avez confiance. La durée de votre relation avec elles ne signifie pas qu'elles sont incapables de vous nuire. Parfois, le temps passé avec vous renforce votre confiance en elles, vous rendant ainsi plus vulnérable et plus sensible à leur influence. Cela ne signifie pas que toutes vos relations finiront par vous trahir ou que les étrangers représentent un danger moindre.

Mon point est qu'il n'existe aucun moyen infaillible de savoir si une personne va vous faire du mal. Le mieux que vous puissiez faire est d'être attentif aux signes que j'ai mentionnés et de garder l'esprit ouvert, car il peut être plus difficile d'accepter que cette personne en qui vous aviez confiance vous ait blessé de cette manière que de gérer l'acte en lui-même.

Essayez de ne pas laisser vos émotions obscurcir votre capacité à prendre des décisions raisonnables. Être manipulé est une expérience désagréable, et ceux qui le font méritent une certaine forme de conséquence, mais nous savons tous que les choses sont souvent plus complexes. Que faire si cette personne est votre sœur, frère, conjoint, meilleur ami ou leader spirituel?

Ensuite, réfléchissez à la valeur de cette relation: vaut-elle la peine d'être poursuivie?

Si votre partenaire vous a trompé et menti tout ce temps, c'est terrible, mais souhaitez-vous que cet acte mette un terme à cette relation? Je commencerais par vous demander: en mettant de côté cette faute, comment était votre relation?

Si vous choisissez de mettre fin à la relation, vous devrez trouver une manière de gérer les répercussions sur les relations connexes. Selon la nature de votre relation, vous pourriez devoir vous mettre d'accord sur une version commune concernant la suite. Si ces relations sont imprévisibles, vous pouvez tout simplement choisir de partir chacun de votre côté sans donner plus d'explications à qui que ce soit, car vous ne leur en devez pas. Faites de votre mieux pour avancer et guérir sans nuire à d'autres relations, sauf si cela est absolument nécessaire.

Si vous décidez de continuer avec cette personne, sachez que cela nécessitera un travail acharné, car ce sera une lutte difficile et prolongée. Vous survivrez, sans aucun doute, mais pas sans engagement et effort.

Les deux parties devront montrer leur volonté de reconstruire la relation. La personne qui a fauté devra travailler dur pour restaurer votre confiance. Et la personne blessée devra travailler dur pour réapprendre à faire confiance.

Pour commencer, il pourrait être utile de vous accorder de l'espace après la crise initiale. Cet espace pourrait aller de quelques jours à quelques semaines, mais il ne devrait pas dépasser un mois. Utilisez ce temps pour traiter vos émotions concernant l'incident.

Aussi douloureux que cela puisse être, essayez de séparer la personne de ses actes. Cela peut sembler être une excuse, mais ce n'en est pas une. Si vous avez choisi de réparer cette relation, cette manière de penser pourrait vous être utile.

Au début, les conversations peuvent sembler tendues, mais avec le temps, un rythme normal peut revenir. Évitez de ressasser constamment le passé lors de chaque dispute. S'accrocher à ce qui s'est passé rend difficile la progression et l'atteinte de l'endroit où vous voulez être.

Surtout, faites confiance au fait que vous avez pris la bonne décision. Restez ancré dans le présent et croyez en votre capacité à faire le bon choix pour guérir les choses. Ne vous mettez pas une pression supplémentaire en exigeant que cette nouvelle relation soit absolument parfaite.

Pardonnez-vous

"Promenez-vous dans le jardin du pardon et cueillez une fleur de pardon pour tout ce que vous avez fait. Lorsque vous arriverez à ce moment, offrez un pardon total et complet pour toute votre vie et souriez à l'arrangement dans vos mains, car il est magnifique."

- Stephen Richards

Les gens supposent que lorsque vous avez tort, la principale personne à qui il faut pardonner est celle qui a commis l'offense en premier lieu. Dans une situation comme celle-ci, où une relation a été établie avec le transgresseur, et où ce transgresseur a profité de cette relation, l'une des personnes qui a besoin de pardon est la victime.

Il y a une raison pour laquelle, même lorsque les relations avec le fautif sont rompues, vous continuez à éprouver des sentiments tels que l'anxiété, la colère, l'irritabilité, le stress, les sautes d'humeur, entre autres. Vous vous sentez coupable d'avoir été naïf, vulnérable et de vous être mis dans une situation où vous avez été facilement manipulé dès le départ. Vous vous sentez coupable de la douleur que vous pensez vous être infligée à vous-même. Nous avons tous été dans cette situation à un moment donné. Nous nous sentons coupables que nos actions ou inactions aient conduit à blesser d'autres personnes, même si nous n'étions pas directement impliqués dans l'acte.

La première chose que vous devez faire est de vous rappeler que, malgré ce qui s'est passé, ce n'est pas votre faute. Vous ne pourrez peut-être pas changer cette perception du jour au lendemain, mais avec le temps, en vous rappelant constamment cette vérité, vous commencerez à changer votre façon de penser. Pour renforcer encore cette croyance, vous devez également vous rappeler que les leçons tirées de cette expérience vous ont mis dans une meilleure position pour vous protéger contre tout incident similaire à l'avenir.

La prochaine étape est d'accepter que le passé n'est pas quelque chose que vous pouvez changer. Cela s'est produit, vous en avez tiré des leçons et vous avez avancé. Il n'y a aucune raison de continuer à revivre les expériences que vous avez vécues. S'attarder sur ce qui s'est passé, ce qui aurait pu être, ce que vous auriez pu, dû ou voulu faire ne peut en aucun cas changer une seule seconde de ce qui s'est passé. Le mieux que vous puissiez faire est de tirer parti des leçons apprises et de les transformer en nouveaux concepts pour vivre. Vous avez courageusement accepté la réalité de la situation malgré les mensonges qui vous ont été racontés. Maintenant, il est temps d'accepter que cette affaire appartient au passé et qu'elle y reste.

Vous pourriez encore gérer les répercussions de cette crise; cependant, cela ne signifie pas qu'elle est toujours en cours. Prenez chaque jour comme il vient et trouvez plus de raisons de regarder vers l'avenir plutôt que vers le passé. Si vous êtes toujours aussi anxieux à propos du passé, vous pouvez consacrer une journée à le revivre.

Une façon de le faire est d'avoir une *"réécriture psychologique"*. Notez ce que vous pensez que vous auriez pu faire pour changer les choses, en tenant compte de tout ce que vous savez maintenant. Puis avancez. L'objectif de cet exercice est de vous donner une certaine forme de contrôle sur ce qui s'est passé.

Reprenez votre pouvoir et passez à la prochaine étape

Maintenant que vous avez réécrit le passé, il est temps de tourner la page et de commencer le prochain chapitre de votre vie. Commencez par affronter vos regrets. Ces derniers ont tendance à amplifier nos émotions. Acceptez que vous avez fait de votre mieux dans les circonstances et accordez-vous la possibilité d'évoluer. Gardez à l'esprit que votre situation n'était pas un crime. Vous avez simplement eu le malheur de faire confiance aux mauvaises personnes. Attribuez la responsabilité à la bonne personne. Employer des affirmations comme *"Je tombe toujours amoureux(se) de la mauvaise personne"* ou *"Je suis tellement naïf(ve)"* est extrêmement limitant pour vous-même.

Plongez plus profondément en vous-même pour découvrir précisément d'où viennent ces idées

Lorsque vous avez identifié le sentiment sous-jacent, vous pouvez dépasser ces affirmations négatives. Plus vous adhérez à ces expressions défavorables, plus vos niveaux d'anxiété risquent de s'aggraver. Cela peut vous amener à devenir quelque peu paranoïaque dans vos relations avec les autres, à voir des ennemis là où il n'y a que des amis et à mal interpréter chaque action.

Enfin, il y a la question de l'amour. Nous pouvons être exigeants dans nos interactions avec les autres, mais la personne avec laquelle nous sommes le plus sévères, c'est nous-mêmes. Nous trouvons plus facile de pardonner à un coupable que de nous pardonner, et le coût de ces comportements se traduit par des schémas autodestructeurs qui se manifestent dans nos autres relations.

Nous sapons ces relations avant même qu'elles ne commencent

En utilisant le prétexte d'éviter une autre relation manipulatrice, nous détruisons de nouvelles relations. La véritable raison de ces comportements est la perte du sentiment d'amour-propre. Au fond de vous, vous ne sentez pas que vous méritez d'être aimé, mais parce que vous préféreriez l'entendre de vous-même, vous brûlez des ponts. Il existe des médicaments pour vous aider à gérer l'anxiété et la dépression, mais il n'y a pas de pilules pour vous aider à atteindre cet endroit où vous tombez pleinement amoureux de vous-même.

Il n'y a pas de règles strictes sur la façon de commencer ce voyage vers la découverte de soi. Je crois que se réveiller chaque jour avec des affirmations positives comme *"Je m'aime et je mérite d'être aimé"* est un début.

Et lorsque vous aurez résolu vos préoccupations liées au passé, vous vous serez pardonné et aurez entamé le processus d'apprentissage de l'amour de soi, il sera alors temps de lâcher prise. Toute cette douleur, toute cette négativité, toute cette colère, acceptez-les pendant un moment puis relâchez-les. Toutes les étapes listées dans ce chapitre sont fantastiques, mais le processus de guérison n'est complet que lorsque vous le relâchez.

Faites confiance à votre instinct

> *"Ils sont généralement basés sur des vérités enfouies juste en dessous du niveau de conscience."*
>
> - Dr. Joyce Brothers

J'ai choisi de consacrer du temps à en discuter en détail, car lorsque vous êtes confronté aux forces de la psychologie noire, votre principale défense contre cela est votre instinct. Alors que votre cerveau interprète les signaux en fonction de vérités, de raisonnements et parfois d'expériences, votre cœur gère l'autre côté, filtrant l'information à travers un filtre d'émotions. Votre instinct est la seule chose qui capte des vibrations sur lesquelles ni le cerveau ni le cœur ne peuvent se fier. Et si vous pouvez vous entraîner à ce point où vous connaissez votre guide intérieur et êtes formé pour y réagir, vous réduisez vos chances d'être séduit par des personnes cherchant à appliquer leur idée manipulatrice sur vous.

Pour commencer, reconnaître cette voix est difficile. Cela est dû au fait que, dans nos vies, nous avons permis aux voix du doute, de l'autocritique et aux bruits forts des critiques internes et externes de faire taire notre voix authentique. Cette voix ou instinct dépend de votre survie. Ainsi, ayez confiance que lorsqu'il commence, il perçoit des choses dans votre environnement immédiat que vos neurones cérébraux ne peuvent pas traiter. Certaines personnes l'appellent instinct, d'autres le décrivent comme une impulsion, ce sont sans aucun doute la même chose, surtout lorsqu'il s'agit de relations. Pour commencer à faire confiance à vos instincts, vous devez accepter qu'il ne fasse pas toujours sens logique. Si vous êtes déjà resté en train de faire quelque chose et avez soudainement ressenti la sensation d'être observé, alors vous savez de quoi je parle. Vous n'avez pas d'yeux derrière la tête, il n'y a personne d'autre dans la pièce avec vous, mais vous ressentez ce léger frisson qui parcourt votre colonne vertébrale et une *"compréhension soudaine"* que vous êtes en train d'être observé. C'est de cela dont je parle.

La première action pour se connecter à votre instinct est de débarrasser votre esprit des voix que vous avez laissées entrer, cette voix que vous savez être la vôtre.

Ensuite, prêtez attention à vos idées

Pourquoi pensez-vous d'une manière particulière à une personne en particulier? En explorant vos idées, vous deviendrez plus à l'écoute de votre intuition et saurez quand vos instincts se déclenchent et comment y réagir. Si vous êtes du genre à prendre des décisions impulsives, vous devrez peut-être faire une pause pour réfléchir et vous arrêter un instant.

Pour pouvoir faire confiance à votre instinct, vous devez être ouvert à l'idée de vous faire confiance et de faire confiance aux autres. Votre incapacité à faire confiance aux autres ne ferait que vous rendre paranoïaque, et quand vous êtes paranoïaque, ce ne sont pas vos instincts qui se manifestent. Vous devez laisser tomber vos inquiétudes, embrasser la confiance et laisser cela guider vos nouvelles relations.

Enfin, vous devez réévaluer vos priorités. Si l'argent et les possessions matérielles sont au premier plan de vos pensées, vous pourriez avoir du mal à les dépasser. Chaque interaction avec les gens serait interprétée comme une tentative d'en tirer profit, et si vous insistez trop sur cela, cela devient rapidement votre vérité. Vous comprenez comment vous attirez ce en quoi vous croyez dans votre vie. Vous attirerez uniquement des personnes qui pensent de la même manière que vous si vous êtes constamment préoccupé par la richesse matérielle.

Utilisez ceci comme guide, et regardez toutes vos relations, anciennes, nouvelles, et même les points de vue, avec ce nouveau recul. Ne vous lancez pas dans une relation en vous attendant à être manipulé. Que ce soit une relation professionnelle, une relation amoureuse ou même une relation quotidienne, soyez ouvert lorsque vous les abordez. De cette manière, vous pourrez obtenir les meilleurs retours de votre intuition à leur sujet.

Ne croyez pas que votre instinct vous dira de fuir dans la direction opposée lorsque vous rencontrez des personnes suspectes. Ce sera une petite poussée facile.

Je sais simplement que j'avais une aversion soudaine pour le chauffeur. Dans ce cas, je voulais simplement sortir de son taxi. Cela me donnait juste l'impression qu'il y avait quelque chose de mal à être dans le taxi.

De la même manière, vos instincts vous parleront dans un langage que vous comprenez. Que ce soit un frisson le long de votre colonne vertébrale, des frissons, ou simplement une envie soudaine de vomir, vous reconnaîtrez ce sentiment lorsque vous le vivrez, et avec de la pratique, vous apprendrez à lui faire confiance.

Utilisez les meilleures pratiques dans toutes vos interactions

"Bien, mieux, excellent. Ne laisse jamais reposer tant que ton bien n'est pas mieux, et ton mieux n'est pas excellent."

- St. Jerome.

Les chrétiens ont un proverbe: «On récolte ce que l'on sème». Ce n'est pas simplement une phrase scripturaire. Elle résume l'ordre naturel des choses. Nous savons que parfois, les choses terribles arrivent à de bonnes personnes et vice versa. Cependant, ne croyez jamais un instant que les gens n'ont pas ce qu'ils méritent, car ils l'ont. Naturellement, vous voulez vous enfermer et vous couper des gens lorsque la vie vous a traité durement. Et si vous devez interagir avec les autres, vous voulez vous positionner de manière à toujours avoir l'avantage. Le problème de ce genre de pensée est qu'en raison de vos expériences, vous finissez par être une victime qui a fait un choix [du moins, à un niveau subconscient] de rendre d'autres personnes victimes.

Vous pouvez trouver une satisfaction éphémère en traitant les autres comme on vous a traité, en infligeant cette même carte à des innocents;

cependant, les dégâts à long terme peuvent être dévastateurs. De plus, vous pourriez déclencher une chaîne d'événements avec une cause et un effet qui pourrait revenir vers vous. Même lorsque vous avez l'occasion, ne la saisissez pas. Au lieu de cela, renversez la situation en choisissant de mettre fin au cycle de la souffrance avec vous. En tant que personne qui a vécu cela, je peux vous dire que ce n'est pas facile. Quand j'étais adolescent, j'étais terriblement timide. J'avais du mal à parler aux gens. Même quand j'étais avec des personnes comme mes parents, mon frère ou ma sœur, que je connaissais depuis toujours, je ne sortais pas de ma coquille.

Tout cela a changé lorsque j'ai rencontré Debbie. Elle a été mon amour de lycée, et je me souviens d'être tombé amoureux d'elle de manière terriblement intense. Il m'a fallu beaucoup d'énergie mentale pour avoir le courage de lui demander enfin de sortir avec moi. Et quand elle a dit oui, j'étais encore plus stupéfait. J'ai marché sur un nuage pendant les trois mois suivants jusqu'à ce que je découvre que je n'étais qu'un pari. Oui, je sais, cela ressemble à ce film pour ados qui a été un hit à l'époque, sauf que cette fois, j'étais la victime. Ça a fait plus mal que les mots ne peuvent le dire, et ce n'était même pas la pire partie. J'ai été humilié de la pire manière possible, comme seuls des gens comme moi peuvent l'être. Vous savez ce rêve où vous devez faire un discours devant toute l'école, et soudain, vous vous voyez nu? C'était bien pire que ça.

Je ne sais pas comment j'ai pu traverser ce mois à l'école, encore moins toute l'année scolaire, mais j'y suis parvenu. Avance rapide jusqu'à mes années post-universitaires, j'ai rencontré Debbie à nouveau. Disons simplement que j'étais dans une position plus avantageuse, et j'avais la possibilité d'utiliser mon bureau pour compliquer sa vie, mais j'ai choisi de ne pas le faire. Au départ, elle a interprété cela comme si j'avais encore des sentiments pour elle, et elle a essayé de l'exploiter à son avantage. Je lui ai poliment expliqué que je faisais simplement mon travail. J'aurais réagi différemment si j'avais conservé les sentiments que j'avais pour elle dans le passé. Soit elle aurait réussi à me séduire, soit j'aurais été tenté d'utiliser le pouvoir de ma position pour *"la punir"*. Mais je n'ai fait ni l'un ni l'autre. Et dans cette décision, j'ai découvert la véritable liberté.

La vie a une manière amusante de se résoudre d'elle-même. Au lieu de cela, équipez-vous des leçons que vous avez apprises et utilisez-les à votre avantage.

Lorsque vous êtes mis à l'épreuve, votre meilleur côté ressort.

CONCLUSION

La vie consiste à prendre des décisions. Bien que beaucoup redoutent d'avoir des limites, l'importance d'avoir des limites dans la vie dépasse leur absence. En tant qu'individu, couple ou famille, vous devez reconnaître certaines valeurs dans la vie.

Les frontières doivent être définies. Vous ne devez pas voir les restrictions de la vie comme une forme de punition. Les limites négatives sont créées sans considérer l'ajout de valeur. Les cercles sociaux dans la vie doivent toujours être en harmonie avec les objectifs personnels et non l'inverse. Cela souligne la nécessité de définir des frontières claires qui vous aideront à progresser vers vos objectifs dans la vie. La famille, les partenaires, les collègues et les amis soutiendront toujours vos limites tant qu'elles sont favorables et transparentes.

J'ai entendu des gens avertir en disant: *"Le cœur de l'homme est désespérément mauvais"*. Je ne sais pas qui l'a dit ni où je l'ai entendu, mais cela est resté gravé dans ma tête, et je trouve que c'est vrai. Il n'existe pas de gadgets ou d'applications logicielles qu'une personne puisse utiliser pour décoder les pensées d'une autre. Le mieux que vous puissiez faire est de comprendre vos propres pensées et sentiments et de faire de votre mieux pour vivre selon vos idées et vos valeurs. Ce n'est pas parce que vous ne pouvez pas savoir si votre nouveau meilleur ami vous trahit ou non que vous devez passer vos journées à y réfléchir.

La capacité des hommes à réussir est tout aussi grande que leur capacité à faire le contraire, et ce n'est pas la meilleure partie. La meilleure partie, c'est que pour chaque personne qui vous a fait du mal dans le passé, il y en a cent autres qui veulent vous faire du bien.

Au contraire, j'ai écrit ce livre pour vous aider à faire de meilleurs choix dans vos relations.

Et si des gens vous ont blessé, ce livre est destiné à vous aider dans le processus de guérison. Rien dans la vie n'est jamais terminé. Si vous appliquez les leçons que je vous ai partagées, vous pouvez vous ouvrir avec succès aux merveilleuses perspectives que la vie a à offrir.

Fermez ce livre, mais gardez votre cœur et votre esprit ouverts. Certains des clichés de la vie ont un impact incroyable sur nos vies. Aimez fort, souriez davantage, et laissez aller.

La vie est trop douce et trop précieuse pour la vivre autrement. Et réveillez-vous toujours avec l'idée que vous méritez le meilleur que la vie a à offrir. Merci de m'avoir emmené dans ce voyage avec vous.